ファシズムの正体

佐藤 優
Sato Masaru

インターナショナル新書 019

目次

まえがき

二〇一七年は国際情勢が緊迫した年だった。東西冷戦終結後、蓄積されていた負のエネルギーが一挙に爆発したという感じだ。そのことを端的に可視化したのがアメリカにおけるドナルド・トランプ大統領の誕生だった。トランプ大統領が誕生しなければ、北朝鮮の核・弾道ミサイル開発問題についても、ここまで朝鮮半島情勢が緊張することはなかったであろう。

それに加え、中東での緊張も高まっている。アメリカ議会は一九九五年一〇月に、エルサレムを「イスラエルの不可分の首都」と認め、テルアビブからのアメリカ大使館移転を承認する法案を可決した。もっともアメリカの歴代大統領は、この法律を直ちに実施すると、中東で大混乱が起きるので、六カ月ずつ、法律の施行を遅らせる大統領決定を行っていた。この政策を二〇一七年一二月六日にトランプ大統領が抜本的に変更した。トランプ大統領がホワイトハウスで演説し、エルサレムをイスラエルの首都として「公式に承認する時だと決断した」と述べ、宣言文書に署名し、テルアビブにあるアメリカ大使館をエルサレムに「可能なかぎり速やかに」移転させる手続きを始めよと、国務省に指示したからだ。トランプ大統領の決定に対しては、世界的規模で反発が強まっている。トランプ大統領がこの決定を行ったのは内政要因からだ。アメリカでは、二〇一六年の大統領選挙にロシアが干渉したのではないかという「ロシア疑惑」が大きな問題になっているが、捜査を担当するロバート・マラー特別検察官が一二月一日、マイケル・フリン前大統領補佐官を連邦捜査局（FBI）への虚偽の供述をした偽証罪で起訴した。同日、フリン氏はワシントンの地方裁判所に出廷して起訴内容を認めるとともに、司法取引で捜査に協力する意向も示した。この結果、トランプ政権に打撃を与える証言が出てくる可能性が高まった。ここでトランプ大統領としては、自らの中核的な支援者である親イスラエル的な宗教右派の支持を固めるために、在イスラエル・アメリカ大使館をテルアビブからエルサレムに移転し、中東に大混乱を引き起こすことで、ロシア問題を政局の争点から外そうと試みたと私は見ている。

内政的な基盤を強化するために、外交的危機を煽（あお）るのは、ファシズムの常套（じょうとう）手段だ。トランプ大統領の「文法」を理解するためにも本書は役に立つと思う。

序章

なぜ今、ファシズムを学ぶ必要があるのか

日本のファシズム関連本が役に立たない理由

本書の目的は、ファシズムの思想と論理を理解し、それを国内外の情勢分析に活用できる力を身につけることです。

ではなぜ今、ファシズムについて学ぶ必要があるのでしょうか。それは世界各国でファシズムの進展する可能性が今後、高まってくるからです。現代の世界情勢を分析するうえで、ファシズムの論理を知らないことは致命的と言えます。

しかし、現在日本で出版されているファシズム関連本の多くは、まったく役に立たないものばかりです。たとえば、現代の日本において「ファシズム」という言葉は、多くの場合、自由主義・共産主義を排撃する「極右の国家主義的政治形態」と考えられています。しかし、本来のファシズムとは、第一次世界大戦後のイタリアに登場した「国家ファシスト党」の政治運動や思想を指す言葉です。それは一言でいえば、失業・貧困・格差などの社会問題を、国家が社会に介入することによって解決することを目指すものでした。

ところが多くの日本人は「ファシズム」と聞くと、まっさきにナチス・ドイツを思い浮かべてしまう。つまりナチズムとファシズムを等号で結びつけてしまっているのです。そのため、「ファシズム」「ファシスト」という言葉は、日本では戦後から現代まで「絶対悪」を示す罵倒語としてしか使われてきませんでした。

「ファシズム＝ナチズム」と捉えているかぎり、複雑な論理で組み立てられているファシズム現象を分析することはできません。だからこそ、ファシズムの本質とその内在的論理を、しっかりとつかんでおくための書籍が必要なのです。

新・帝国主義の時代

私は、これまで二〇〇八年以降の世界を「新・帝国主義」の時代として分析してきました。

一般に、帝国主義とは「一八七〇年代末以降、巨大企業が国家と結びついて海外進出や植民地の拡大を図る、列強の経済的・軍事的な膨張政策」のことを意味します。

歴史を振り返ってみると、帝国主義の勃興には「覇権国家の弱体化」が伴いました。かつてイギリスが覇権国家だった時代は、自由貿易の時代でした。しかし、イギリスの力が弱くなると、ドイツやアメリカが台頭しはじめ、やがて群雄割拠の帝国主義の時代に突入しました。

その後、二回の世界大戦とソ連崩壊を経て、二〇世紀末にはアメリカが圧倒的な覇権国家として君臨するようになります。しかし、二〇〇一年の同時多発テロ事件と二〇〇八年のリーマン・ショックを経て、アメリカの弱体化が明らかになると、今度はロシアや中国が軍事力を背景に、露骨に国益を主張するようになりました。その結果として訪れたのが、かつての帝国主義を反復する「新・帝国主義」の時代なのです。

ただし、現代の新・帝国主義は、かつての帝国主義とは異なります。

一九世紀末から二〇世紀初頭まで、欧米の帝国主義列強は軍備拡大を競い、植民地を求めて抗争を繰り返しました。その植民地獲得競争の結果が、第一次世界大戦でした。

それに対して、二一世紀の新・帝国主義は植民地を求めません。それは人類が文明的になったからではなく、単に植民地を維持するコストが高まったからです。しかし新・帝国主義の時代であっても、外部からの搾取と収奪により生き残りを図るという帝国主義の本質や行動様式自体は変わっていません。

こうした新・帝国主義の時代には、二つの異なったベクトルの引っ張り合いが繰り広げられます。**一つはグローバル化の進展で、もう一つは国家機能の強化です。**

一九世紀後半もまた、グローバル化の時代でした。一九世紀は「移民の世紀」と呼ばれており、第一次世界大戦までの一〇〇年の間に新大陸へ渡ったヨーロッパ人は、およそ六〇〇〇万人に上ると言われています。多くの人が移動すれば当然、国境を越えた資本の移動も活発になる。グローバル化の進展により、欧米列強はやがて国家と独占資本（生産と市場を独占的に支配する大資本）が結びつき、力による市場拡大と植民地化を目指すようになりました。

この構造は、冷戦崩壊後の現在も同様です。

グローバル経済が浸透した結果、先進国の国内では格差が広がり、労働者の賃金も下がっていきました。規制緩和や労働市場の柔軟化が進み、雇用が不安定になると、それは結果として社会不安へとつながっていく。そうした社会不安が国内で増大する時、国家は自らの機能を強化していきます。つまり、グローバル化の果てに訪れる新・帝国主義の時代に、国家が機能を強化していくのは、ある意味必然と言えるのです。

二〇一六年に起きたブレグジット（EUからのイギリス脱退）の選択や、二〇一七年のアメリカのトランプ大統領誕生も、グローバル化に伴う国家機能の強化の表れに他なりません。EU離脱はイギリス国民が国家の完全な主権回復を求めた結果ですし、トランプ大統領の誕生もアメリカ国民が、「アメリカ第一主義」で国内優先の姿勢を示すトランプに対し、強い期待を抱いた結果です。

グローバル資本主義に対する三つの処方箋

この新・帝国主義時代の国家を、私たちはどのように理解すべきでしょうか。こうした問いかけは、「ファシズムと、どのようにつきあっていくか」という問題に置き換えることができると、私は考えます。

なぜか――それはグローバル資本主義に対する処方箋は、歴史上三つしか存在しないからです。

一つ目は、外部から収奪する帝国主義のさらなる強化です。しかし、国家同士の利害が衝突すれば、それは戦争へとなだれ込む危険を伴います。

二つ目は、共産主義革命です。資本主義システムを打倒することで、社会問題を一挙に解決する方法ですが、この処方箋が失敗に終わったことは歴史により証明されています。

三つ目が、本書のテーマであるファシズムです。

先にも述べましたが、ファシズムとは本来「国家の介入によって国民を統合し、自由主義的な資本主義が生み出す問題を克服していこうとするもの」です。その意味では、福祉国家のイメージときわめて近いと言えます。

おそらく先進諸国の多くは、今後、帝国主義とファシズムを織り交ぜることで、グローバル資本主義の弊害を乗り切ろうとしていくでしょう。しかし、それは排外主義的な民意を醸成するという大きな危険を孕んでいる。だから私たちは、今こそファシズムについての理解を深めなければならないのです。

福祉国家としてのファシズム

ここでファシズム体制が、福祉国家に近い理由を説明しておきましょう。

国家が介入する社会問題の処方箋は、多かれ少なかれ「排外主義」の要素を含んでいます。排外主義の要素が比較的薄ければ「福祉国家」となり、濃厚になると「ファシズム国家」が誕生する。表出する形は違いますが、両者の違いは濃淡の差でしかありません。ここで重要なのは、福祉国家もまたファシズムの論理から理解できるということです。

わかりやすい例として、フランスのトマ・ピケティが唱えた格差是正の解決策を見てみましょう。ピケティは『21世紀の資本』（みすず書房）で、二〇〇年にわたる資本主義国家のビッグデータを分析し、資本主義国家では貧富の格差が常に拡大することを実証しました。

資本主義が格差を拡大してきたことは間違いありません。しかし問題は、「なぜ資本主義では、格差が拡大するのか」ということです。

この点で、ピケティとマルクス経済学は意見を異にします。

ピケティは近代経済学にもとづいて、格差拡大を「分配」の不備に求めました。つまり、労働者への利潤の分配が少ないことが、格差拡大の原因だというわけです。そもそもピケティの立論は前提として、生産によって得た利潤は、資本家と労働者で分け合うものであるという「分配論」にもとづいています。

それに対して、マルクス経済学では労働者の賃金は「生産論」で決まると考えます。これは、労働力の再生産の費用で賃金が決まるということです。

労働力を再生産する費用には、三つの要素があります。第一に、食費や住居費、被服費など、労働者が労働を続けられるだけのお金。第二に、労働者階級を再生産する費用――つまり家族を持ち、子どもを育てて労働者として働けるようにするためのお金。そして第三に、自己教育のためのお金です。

マルクス経済学ではこの三要素で賃金が決まるとされているので、**労働者がどんなに一生懸命働き、それによって利益を上げたとしても、労働力を再生産する以上の賃金が労働者に支払われることはありません。**利潤の分配は資本家と地主、もしくは産業資本家と金融資本家の間で行われるのです。

このように、ピケティとマルクス経済学では、格差の生まれる原因についての分析が異なります。そうなると当然、それに対する処方箋も変わってくるでしょう。

具体的に言うと、ピケティは国家が介入し、累進的な所得税・相続税に加え、資本税を徴収することが効果的だと考えました。そのうえで、経済のグローバル化で「ヒト」「モノ」「カネ」が自由に移動するようになったことに対応して、超国家的な徴税機関の創設も視野に入れるべきだと主張したのです。

この超国家的な徴税機関を視野に入れるという点を除けば、ピケティの考え方は、構造的貧困を再分配によって解決するという常識的な発想だと言えます。

戦前の日本では、河上肇がピケティとよく似た考えを持っていました。河上肇は貧乏の原因について、著書『貧乏物語』（岩波文庫）で次のように述べています。

世間にはいまだに一種の誤解があって「働かないと貧乏するぞという制度にしておかぬと、人間はなまけてしかたのない者である、それゆえ貧乏は人間をして働かしむるために必要だ」というような議論もあるが、少なくとも今日の西洋における貧乏なるものは、決してそういう性質のものではなく、いくら働いても、貧乏は免れぬぞという「絶望的の貧困」なのである。

（『貧乏物語』三五ページ）

河上肇は、このような構造的貧困を解決するには、「社会組織の改造よりも人心の改造がいっそう根本的の仕事」で、「富者の奢侈（しゃし）廃止をもって貧乏退治の第一策とし」、貧困者への再分配が行われれば「社会組織は全然今日のままにしておいても、問題はすぐにも解決されてしまうのである」と結論づけました。

ピケティも河上肇も、富の再分配を構造的貧困の処方箋と捉えている点では共通しています。そして、おそらくリベラルな感覚を持つ一般市民の考えも、二人に近いかもしれません。

しかし両者では、想定する分配の主体が異なります。ピケティが分配の主体を「国家」とするのに対して、河上肇は「社会（自覚した富裕層）」と捉えました。

おそらく多くの人は、こうした河上肇の考えを非現実的だと判断するでしょう。良心にいくら訴えたところで、「そんなに困窮しているのなら、自分の利潤を削ってでも労働者への分配を手厚くしよう」などと考える資本家がいるはずはないと。資本家として市場での競争に勝利して、生き残っていくためには、貧困者への再分配に自発的に提供するカネなどあるはずがないのは明らかです。

したがって分配論で考えるかぎり、合法的な暴力装置を持つ国家が徴税によって、再分配を行うというピケティ・モデルに収斂（しゅうれん）していくことになります。しかし、このピケティ・モデルを実現するためには、強力な国家と多大な権限を持つ官僚群が、資本家を抑え込まなくてはなりません。それはイタリア・ファシズムに親和的なモデルに近づいていきます。

日本人のファシズム・アレルギー

おそらくこのように説明しても、福祉国家とファシズムの結びつきに対して、ピンと来ない人のほうが圧倒的に多いでしょう。その理由は、はっきりとしています。それは先述したように、「日本ではファシズムという言葉自体が、マイナスの評価を帯びすぎてしまっている」からです。ファシズムという言葉を出した時点で、日本では議論の対象にもならない。しかし、ファシズムというものをきちんと思想的レベルで捉えておかないと、かえってまずい事態が起こりうるのです。

なぜか――それは「一見、口当たりのいい福祉国家政策」のなかに含まれている、排外主義的な側面を見逃してしまうからです。ファシズムとナチズムは論理構成からして異なりますが、ファシズムの取り扱い方を間違えると、ナチズムのような、アーリア人が優秀であるという「人種神話」に傾きかねません。

ファシズムは資本主義や共産主義を乗り越える思想として、二〇世紀に登場しました。グローバル資本主義が暴走し、それに対抗するイデオロギーが存在しない現代において、このような歴史は必ず繰り返されます。

その時のファシズムは、おそらくかつてのものとは姿を変えて現れることになるでしょう。二〇世紀ファシズムが犯した過ちを繰り返さないためにも、ファシズムについて正面から取り組み、整理しておくことは大切です。**ファシズムという言葉にアレルギーを持って、回避しているだけではかえって事態は悪化してしまいます。**

真理は人を自由にする

たとえば、トランプ政権はファシズムとどのぐらい親和的なのか。安倍晋三政権下の日本はファシズムへと接近しているのか。こうした問いに対して、日本の言論界は明確な説明をほとんど与えることができていません。その理由は、先にも申し上げた通り、ファシズムの概念をきちんと捉えられていないからです。

ファシズムの周りには、ファシズムと混同して語られるいくつかの概念があります。民族主義、純血主義、ナショナリズム、全体主義、ナチズム、独裁などがそうです。その違いを理解しないと、上記のような問題を正確に把握することはできません。

たとえば聖書には、「真理は人を自由にする」という言葉があります。

不自由や束縛から目を背けるだけでは、苦境は解消されないどころか、ますます追い詰められていくばかりです。いったい何が自分に不自由をもたらしているのか。そのメカニズムを深く理解しえた時、初めて人は「制約には『外部』が存在することを知り、自由の感覚を得る」ことができます。

ファシズムのメカニズムを深く学ぶ必要があるのは、同じような理由からです。ファシズムの内在的論理を理解することができれば、少なくともファシズムの暴走に振り回されることはなくなります。

日本のファシズム理解が浅い原因の一つとして、近代イタリア史とファシズムの展開が十分に理解されていないことが挙げられるでしょう。**別の言い方をすれば、ナチズムや戦前日本の軍国主義などをファシズムの典型としてイメージしてしまうのです。**

そこで本書では、近代イタリアの歴史にまでさかのぼり、ファシズムが生まれる過程を詳細に追うことで、ファシズムの思想性や論理、問題点を明らかにしていきます。

資本主義と共産主義のどちらをも乗り越えようとしたファシズムの内在的論理とはどのようなものなのか。それを知ることで、新・帝国主義のゆくえを展望する一助とすることが、本書の目標です。

第一章　ファシズム前史のイタリアとムッソリーニ

近代イタリア・日本史年表（1848～1922年）

年	イタリアの動き	日本の動き
1848	オーストリアとの第一次独立戦争	
1853		ペリー来航
1859	オーストリアとの第二次独立戦争	
1860	サルデーニャ王国が中部イタリアを併合	桜田門外の変
1861	イタリア王国成立	
1863		薩英戦争
1864		四国艦隊下関砲撃事件
1866	プロイセン＝オーストリア戦争にプロイセン側で参戦（第三次独立戦争）	薩長同盟締結
1867		大政奉還
1868		戊辰戦争
1870	イタリア王国、ローマ教皇領を占領	
1882	ドイツ・オーストリアとの三国同盟締結	
1894		日清戦争
1904		日露戦争
1911	イタリア＝トルコ戦争	
1912		明治天皇が崩御し、大正と改元
1914	第一次世界大戦勃発	日本がドイツに宣戦布告
1915	イタリアが三国協商（イギリス・フランス・ロシア）側として参戦	
1916	イタリアがドイツに宣戦布告	
1918	第一次世界大戦終結	
1920	労働者による工場占拠	国際連盟に加入
1922	ローマ進軍 ムッソリーニが史上最年少で首相に就任	

イタリア統一までの歴史

イタリア・ファシズムを理解するためには、その背景となるイタリア史の知識が不可欠です。しかし高校世界史の教科書では、イタリア史は脇に追いやられ、十分な記述があるとは言えません。そこで第一章では、ファシズムの内在的論理に入る準備として、イタリア統一からファシズム期までの歴史の流れを概観していきます。また、それを踏まえたうえで、ファシズム体制を樹立するまでのベニート・ムッソリーニ（一八八三～一九四五年）の行動を分析していきましょう。

イタリアが国家を統一したのは一八六一年ですから、明治維新とだいたい同じ時期です。ちなみに、ドイツは一八七一年に統一を果たし、プロイセン主導のドイツ帝国が成立しました。イタリアもドイツも中世以来、長らく政治的分裂が続いていた地域です。イタリアでは、ナポレオン一世（一七六九～一八二一年）が一時的にイタリアの大部分を支配したことがありました。その影響もあって、一九世紀になると自由と独立を求める統一運動が活発化していきます。そのあたりのプロセスを、世界史の教科書で確認してみましょう。

分裂が続いていたイタリアでは、1848年の二月革命後、「青年イタリア」を指導してきたマッツィーニも参加するローマ共和国が建設されたが、フランス軍に倒された。また、サルデーニャ王国もイタリア統一の障害となっていたオーストリアとたたかったが敗北した。

（木村靖二・岸本美緒ほか著『詳説世界史B』山川出版社、二六六〜二六七ページ）

一八四八年、フランスでは七月王政を倒して共和派による臨時政府を成立させた二月革命が起こりました。この革命を契機に、全ヨーロッパでは自由主義・国民主義的な運動が勃発し、ウィーン体制が崩壊します。ウィーン体制とは、一八一四〜一五年に行われたウィーン会議の決定にもとづいて組み立てられた、保守反動的なヨーロッパの国際秩序です。この二月革命の影響から、イタリアでも統一運動が高揚しました。

「青年イタリア」というのは、イタリアの統一と共和制樹立を目指した秘密結社です。その前身となる「カルボナリ党」衰退後のイタリア統一運動の中心を担った組織で、一八三一年にジュゼッペ・マッツィーニ（一八〇五〜七二年）が結成しました。

ナポレオン一世による支配が終わると、イタリアはまた以前のようにオーストリアの支配下に置かれました。青年イタリアは、そのオーストリアの支配に反発して、自由主義的な独立運動を展開したのです。

サルデーニャ王国とは、一七二〇年に成立した、近代イタリア王国の前身となった国家です。北イタリアのピエモンテ地方とサルデーニャ島を支配し、当時のイタリアのなかでは最も強かった国だと言われています。このサルデーニャ王国が、一九世紀後半にイタリア統一のリーダーシップを取っていきました。教科書には次のように説明されています。

> まもなくサルデーニャ王位についたヴィットーリオ＝エマヌエーレ2世のもとで、自由主義者のカヴールが首相となって鉄道建設など近代的社会基盤の整備を推進した。その後、サルデーニャはナポレオン3世と密約を結んだうえで、1859年オーストリアと開戦した。この戦いに勝ったサルデーニャはロンバルディアを得、翌60年、サヴォイアとニースをフランスにゆずることで中部イタリアも併合した。さらにこの年、「青年イタリア」出身のガリバルディが両シチリア王国を占領し、これをサルデーニャ王にゆずった。
>
> （『詳説世界史B』二六七ページ）

こうして一八六一年三月にイタリア王国が成立し、イタリアもようやく国民国家の体裁を整えていくようになりました。その後、一八六六年にはオーストリア領だったヴェネツィアを併合します。一八七〇年にはローマ教皇領も占領し、国家統一がほぼ完成しました。

では、その後イタリア社会はどうなったのか。この点について、世界史の教科書はほとんど触れていません。外交面でもドイツ・オーストリアとの三国同盟や、イタリア＝トルコ戦争、アフリカへの植民地進出といった説明がある程度で、すぐに第一次世界大戦に入ってしまいます。このように教科書の記述だけでは、イタリアでファシズムが発生した社会的背景が実感としてつかみにくい。そこで適宜、文献を参照しながら、ファシズム以前のイタリア社会を考察してみましょう。

土方成美の『ファッシズム』

当時のイタリアでは国民的な自覚というものがまだ希薄で、思想的にもさまざまな分断がありました。こうしたファシズム以前の社会的背景は、一九三二年に刊行された、土方成美の『ファッシズム』（岩波書店）が参考になります。土方成美という人物はいまやほとんど知られていませんので、ここで簡単に触れておきましょう。

土方成美は一八九〇年生まれの経済学者・財政学者です。土方は「統制経済」という概念を、日本で初めて提唱したことで知られています。統制経済とは国の経済活動に対して、政府が強制的・組織的に統制・干渉を行う経済体制のことです。

統制経済が初めて実施されたのは、史上初の総力戦となった第一次世界大戦中のヨーロッパにおいてでした。その後、一九三〇年代の大恐慌時代には、失業や不況といった社会不安が増大していくなか、資本主義を救済するための政策として行われていきます。当時の統制経済は、アメリカのニューディール政策に見られるような経済・社会改革によって景気回復を目指すものと、日本やドイツのような戦時経済化を目指す統制経済の二つに分かれていきました。

東京帝国大学の経済学科をトップの成績で卒業した土方は、一九一七年に東京帝大の助教授になり、その後アメリカ、イギリス、フランスに約四年間、国費留学をしています。私の見るところでは、彼はフランスの影響を強く受けています。要するに、官僚が強い力で経済に関与していく「エリート主義的な経済システム」に関心を持っていたのです。そうした観点に立つと、労働者階級という有象無象が権力を取る共産主義には、当然批判的になります。

のちほど詳しく見るように、**イタリアのファシズムもまた、エリート主義的な性格が強**

い。そうした点から、土方の関心もイタリア・ファシズムに向けられていきました。

ファシズムの紹介、統制経済の紹介、マルクス主義批判、英米自由主義批判を展開した土方は、学内的にも力をつけていきます。一九三〇年代に東京帝大の経済学部長を務めたのですが、国家主義派の土方はその時期に、リベラル派と目される河合栄治郎を東京帝大から追い出す原因をつくったことで悪名が轟きました。

人間性はともかく、一九三二年に刊行された『ファッシズム』は、イタリア語の文献をベースにしている本格的なファシズム研究書です。現代の水準から見ても相当レベルが高いので、本書でも随所でこの本を参照していこうと思います。

国家と教会の対立

話をファシズムに戻しましょう。『ファッシズム』のなかで土方は、「イタリアの統一というのは、他国の戦争を利用した結果であって、イタリア国民の間に国民的自覚は成立していなかった」と評しています。

本章冒頭でも述べたように、もともとイタリアは中世以来、政治的分裂が続く地域でした。これはイタリアが、長く都市国家だったことが影響しています。都市国家とは、いくつかの都市とその周辺地域が政治的に独立していながら、一つのまとまった形態をなしている国家のことです。イタリアはミラノやフィレンツェなど、独立した都市が政治的権限を持つ都市国家として発展してきました。そのため「イタリア国民」という意識が、ほとんど存在しなかったのです。

また、立憲君主的な政治体制を採りましたが、国王や王室の権威は強くありませんでした。それというのも、「初代イタリア国王は、サルデーニャ王国の王が横滑り的に就任したので、イタリアの全国民にとっては縁遠いものであった」からだと土方は指摘しています。国民に信頼されていないのですから、国王に求心力がないのも当然です。

さらにイタリアでは、教会と国家の間でも、多くのトラブルを抱えていました。それは「ローマ問題」と呼ばれる、一八六一年から一九二九年にかけて起こった、イタリア王国とローマ教皇庁の政治的な対立です。

当時のローマは、カトリック教会のトップである教皇が主権者として支配する「教皇領」でした。つまり、一八六一年の統一の時点では、じつはローマはまだイタリア王国に含まれていなかったのです。

しかし、一八七〇年に起こった普仏戦争でフランスが敗北すると、教皇領を守っていたフランス軍がローマから撤退しました。するとイタリア王国は、教皇領を強引に占領し、ローマを王国の首都にしてしまったのです。

ヴァチカンに閉じ込められた教皇は、これに強く反発しました。自分は「ヴァチカンの囚人」であると宣言し、カトリック信者が国政選挙に参加することを禁止する回勅（ローマ教皇が全世界のカトリックに伝える組織上・信仰上・教義上の問題についての通達）を発したのです。こうしてイタリア政府とヴァチカンは、断交状態になりました。

これについて、土方は次のように説明しています。

一八六〇年以来教会国家は既に没落過程にあり、国王の命令並びに人民投票によって、教会の人民は二つの教会（サン・ピエトロ並びにラテラノ）及び二つの王宮（ヴァチカン並びにガンドルフォ〈引用者注：かってローマ教皇の避暑用の山荘であったガンドルフォ城〉）に限定せられてしまった。イタリア愛国者にとっては、教会は考え得るべき最も非愛国的なものであった。教会より世俗的権力を剝奪するに就いては、新教徒、秘密結社、共和論者、社会党のすべてが協力した。

（『ファッシズム』四ページ、表現・表記を一部改めた）

カトリック教会と国家が対立するのは、論理的な必然性があります。カトリックの語源はギリシャ語の「カトリコス」で、これは「普遍的」「万人に共通の」を意味します。普遍的・万人に共通的なものなので、最初から民族という枠を超えている。だからカトリック教会というのは、民族主義（ナショナリズム）と相性が悪いわけです。

次にイタリアの議会にも、目を向けてみましょう。社会学者の新明正道（一八九八〜一九八四年）は『ファッシズムの社会観』（岩波書店）のなかで、イタリアには英仏に見られるような有力な政党が出現せず、「少数党派の分立する形勢が生じた」と言います。そのため、イタリアの議会政治は政党政治ではなく、「トラスフォルミズモ（変異主義）」と呼ばれる、場当たり的な多数派形成の政治が常道になる。つまり、その都度の状況に応じて、首相は政権維持に都合のいい政党と組むわけです。

> その結果として、一八七六年から一九二二年にいたる間に内閣の更迭すること三一回に及び、個々の閣員の交替にいたっては更に甚だしいものがあった。かくの如き慣行がイタリー議会制度の弱化に導いたことは勿論である。それは国民的な大政党を有す

ることなく、従って政党政治の形式を確立することが出来ず、政治をして動揺的不安定的なものたらしめた。（『ファッシズムの社会観』二四ページ、表現・表記を一部改めた）

イタリアは安定的な政党政治を築くことができなかった。そうすると、もっぱら利害調整の論理で内閣が組閣されます。こうした政治的に不安定な状況のなか、イタリアは「第一次世界大戦に参戦するかどうか」というイシューに直面するのでした。この『ファッシズムの社会観』は第四章で、詳しく解説していきます。

ムッソリーニの不人気

ここでイタリアの歴史と、ムッソリーニの生い立ちとを重ね合わせてみることにしましょう。ムッソリーニに関しては、ロマノ・ヴルピッタ著『ムッソリーニ』（ちくま学芸文庫）が非常に本質を捉えているので、これを参考にしたいと思います。

著者のヴルピッタは長らく京都産業大学で比較文化論・ヨーロッパ企業論などを教え、現在は名誉教授を務めている人物です。まずは、この本のスタンスを見ておきましょう。序章でヴルピッタは、ムッソリーニの評価について、次のように述べています。

なぜか、ムッソリーニは戦後日本で人気のない人物である。例えば、同じファシズムの人物であるヒトラーに関する書物が多く出版されているのに、ムッソリーニに関する著書は少ない。悪玉にされても、ヒトラーは一流の人物としての評価を受けているが、ムッソリーニは二流と見なされている。しかも、これは日本に限った現象ではない。イタリア以外では、大体ムッソリーニに対する関心が高いとはいえない。評価されるどころか、滑稽な存在とさえ見られている。恐らく、彼を滑稽視することについて、かのチャップリンの映画『独裁者』の影響が働いているのであろう。世代が替わり、ムッソリーニが歴史的人物となって、当時の生身の印象は記憶から消え、その代わりに『独裁者』に登場するあのナパロニと実物が入れ替えられてしまったのではないか。しかし、ナパロニはセンスの悪いカリカチュアに過ぎない。フランスの歴史学者でムッソリーニの伝記を著したピエール・ミルザが指摘しているように、多くのフランス人が抱えている「カーニバルのカエサル」（カエサルのカリカチュア）としてのムッソリーニのイメージはイタリア人に対する侮辱であり、しかも非現実的である。

彼があのような人物であったとしたら、二十年の間、自国民の支持を得、外国でも評価される人物にはならなかったであろう。

（『ムッソリーニ』九〜一〇ページ）

チャップリンの映画『独裁者』（一九四〇年）では、「ナパロニ」というムッソリーニを模した独裁者が登場します。ナパロニはムッソリーニそっくりの軍服を着て、アドルフ・ヒトラー（一八八九〜一九四五年）を模した「ヒンケル」のところにやってくる。ヒンケルは背が低いので、ナパロニを見下すために、ナパロニ用に座面の低いイスを用意しました。ナパロニがそこに座ると、自分の頭の位置がヒンケルよりも低いのに気づいて、彼は机の上に座りだす。このようにチャップリンの映画でのナパロニは、「頭の悪い権力者」というイメージで描かれています。

しかし、それならば「なぜムッソリーニは二〇年も権力を維持することができたのか」という説明がつきません。この本は、そうしたステレオタイプなムッソリーニのイメージを払拭します。実際のムッソリーニはどのような人物だったのか。ヴルピッタは次のように評しています。

彼は行動の人間でありながら、知識人でもあった。師範学校を卒業してからは正規の教育を受けていないが、独学で幅の広い教養を身に付けていた。特に哲学が好きで、十九世紀末、二十世紀初めの思潮に詳しかったし、文学、音楽、芸術にも造詣が深く、当時のイタリアの新鋭の知識人と交わっていた。特にダンヌンツィオ、未来派のマリネッティ、観念論哲学者のジェンティーレ、音楽家のプッチーニとは交友関係にあり、シュペングラーとも親交を結び、パレートにも評価された。社会党時代には、グラムシやサルヴェーミニのような左翼インテリとも交際をもち、彼らにも評価されたのであった。ヒトラーやレーニンに比べれば、彼の知的な背景は遥かに幅広く、多様であった。

（『ムッソリーニ』一五ページ）

ファシズムの提唱者であるムッソリーニの知的水準が高いことと同様に、じつはファシズムの理論的水準も非常に高い。ナチズムは「ドイツ人を中心とするアーリア人は優秀である」という荒唐無稽な神話で世界を支配しようとしましたが、イタリアのファシズムはこのようなフィクションとは無縁なのです。

イタリア・ファシズムの内在的な論理については、第三章以降で詳しく見ていきますので、ここではムッソリーニの政治的キャリアについて概観しておきましょう。

スイスでの知的交流

師範学校を卒業してからのムッソリーニは、スイス、ロマーニャ、トレントなどに滞在しました。スイス滞在期には、その後のムッソリーニの思想に大きな影響を及ぼす人物たちとの、知的交流がありました。その一人が経済学者のヴィルフレド・パレート（一八四八〜一九二三年）です。

ムッソリーニの政治的成熟の時代は、彼の二十代初期のスイス滞在期であった。そこで彼はローザンヌ大学で教鞭を執っていたイタリアの経済・社会学者パレートに接した。人間行動における非合理的な側面を重視し、歴史を動かすのは力（暴力）であると見ていたパレートの主張はムッソリーニの感情的な革命主義に論理上の根拠を与え、後にファシズムの歴史観となった。また、彼はパレートの提唱するエリートの周流説に決定的な影響を受け、その結果、エリートが政治闘争の主役であるという確信は自分の思想の中核となった。そして、パレートに従って、マルクス主義の階級闘争もエリートの交代として解釈するようになった。

（『ムッソリーニ』一六ページ）

経済学には「パレート最適」という概念が出てきます。これは、資源を最も有効に配分できている状態を理論的に解き明かしたもので、厚生経済学（経済的厚生もしくは経済的福祉を分析の対象とする経済学）で特に重要とされる原理です。この理論を提唱したのが、ムッソリーニと親しかったパレートなのです。

しかしパレートは同時に、人間の非合理的な力も見逃していませんでした。だから、国家を統治するには、力を持つエリートが民衆を保護・支配する必要があると考えました。**つまり、パレートの思想は「国家エリートが力を使って、民衆に再配分を行う」ような福祉国家論へと接続するわけです。**

このパレートとともに、スイス滞在期のムッソリーニに影響を与えたのが、ジョルジュ・ソレル（一八四七～一九二二年）の『暴力論』やマルクス主義です。ソレルは『暴力論』のなかで、「暴力は野蛮で破壊的である」という考えを批判し、世界を救う創造的な力であると肯定しました。そして、現代における階級闘争を、支配階級の権力に対する被支配階級の暴力として捉えたのです。

ソレルにしてもパレートにしても、あるいはマルクス主義にしても、議会を信用しない点では共通しています。そして暴力は肯定される。こうした思想が、ファシズム運動期のムッソリーニにつながっていったのです。

第一次世界大戦への参戦

各地で知的交流を行ったのちに、ムッソリーニは一九一〇年からイタリア社会党での本格的な活動を開始しました。そして一九一二年には、党機関紙『アヴァンティ！』の編集長に就任し、発行部数を爆発的に伸ばします。

> 彼はすぐに新聞の主導権を握り、編集長としての能力を発揮して新聞に活力を与え、しかも明確な政治路線を決め、自分の主張を党内で宣伝するための基盤とした。彼が就任した時点で発行部数は二万八千であったが、二年もしないうちに六万部に伸ばし、時には十万部に達したこともあった。
> （『ムッソリーニ』一〇九ページ）

当時のムッソリーニの主張は、「党の組織のなかで政治意識が高く有能なエリートを育成し、大衆の緊張感を維持しながら、革命のための適切な機会を待つ」というものでした。彼がその絶好の機会と捉えたのが、第一次世界大戦です。第一次世界大戦が勃発した時、イタリアは非常に困難な立場に置かれていました。

イタリアは一八八二年から一九一五年まで、ドイツ・オーストリアと三国同盟という軍事同盟を結んでいました。三国同盟の仕掛人はドイツのビスマルクであり、その狙いはフランスの孤立化です。しかし一八八八年にドイツ皇帝に就任したヴィルヘルム二世は、外交を重視したビスマルクと打って変わって、露骨な帝国主義政策を展開していきます。

イタリアもまた、後発ながら帝国主義政策を推進しました。その過程で、フランスやロシアとも秘密協定を結んでイタリア＝トルコ戦争（一九一一～一二年）を起こし、オスマン領だった北アフリカのトリポリ、キレナイカを植民地化していきます。このように第一次世界大戦が始まった時には、イタリアとドイツ・オーストリア間の同盟関係は、すでに形骸化していたのです。

さらに、イタリアはオーストリアとの間に、トリエステや南チロルなどの領土問題を抱えていました。これらの地域は「未回収のイタリア」と呼ばれ、イタリア人住民が多数暮らしていたにもかかわらず、オーストリア領のままだったのです。

第一次世界大戦が勃発した時、イタリアはすぐには参戦せず、中立を保っていました。じつは戦争が始まってから、次のような秘密外交を行っていたのです。

はじめ中立の立場にあったイタリアは領土問題でオーストリアと対立していたが、イギリスなどがトリエステなどのいわゆる「未回収のイタリア」の領有を約束すると（ロンドン密約条約）、1915年5月イタリアはオーストリアに宣戦布告した。

（木下康彦・木村靖二ほか編『詳説世界史研究』山川出版社、四五八ページ）

こうしてイタリアは、三国同盟を破棄して、イギリス、フランス、ロシアの三国協商側について参戦しました。

ムッソリーニの転換

では、当時のムッソリーニの動向を見てみましょう。ムッソリーニが属していたイタリア社会党は、第一次世界大戦勃発時から一貫して中立を主張していました。「プロレタリアートは国際的な連帯を目指す」という建前に従えば、これは当然です。

それに対して、ムッソリーニは「断固として国家的・民族的な権利を擁護するために、戦うべきだ」と主張しました。また、ムッソリーニが共感を寄せていた革命的サンディカリスト（労働組合運動を通じて革命を達成しようとする運動組織）が参戦を唱えるようになると、彼は大衆の教育の観点からさらに戦争を歓迎するようになっていきます。

ヴルピッタはこの時のムッソリーニの考えを、次のようにまとめています。


戦争がイタリア社会を徹底的に変化させるだろうことを彼はどの政治家より早くかつ明確に見抜き、革命の機会が生ずることを予感した。しかも、戦争を資本主義体制の崩壊とプロレタリア革命の機会としたマルクスの見解を越えて、彼は戦争の結果、大衆が民族意識に目覚め、国民共同体のなかに進出すると予測し、それによって起こされる社会の激変が、意識の強いエリートに政権獲得の機会を与えるだろうと期待したのであった。したがって、イタリアの社会党はプロレタリアートの反戦闘争を呼号していたのに、彼は大衆の教育という視点から戦争を歓迎した。戦争経験が大衆の自覚自立を促し、闘争に対する精神を養い、また大衆のなかから革命的なエリートの形勢を促すだろうと考え、そのために彼はイタリアの参戦を主張するようになった。

（『ムッソリーニ』一一九〜一二〇ページ）

党の路線に背いて積極的参戦論を唱えるようになったムッソリーニは、社会党から追放されました。しかし、その後左翼系参戦派の代弁者となって、積極的に言論活動を展開していきます。また実際に軍への入隊を志願し、戦争も体験しました。後で詳しく解説しますが、ムッソリーニはそうした経験を通じて、国民意識の覚醒を確信するに至ったのです。

戦闘ファショの結成

第一次世界大戦は、イタリアも参加した協商国側が勝利しました。ところがイタリアは、戦勝の成果を十分に獲得することができなかった。そこからのファシズムへとつながるイタリア史の大きな流れを、世界史の教科書で確認してみましょう。

イタリアは戦勝国であったが領土拡大を実現できず、講和条約に不満をもった。一方、国民は戦後のインフレーションで生活を破壊され、政府への不信を強めた。1920年、社会党左派（のちのイタリア共産党）の指導で、北イタリアの工業地帯を中心に、労働者が社会改革を求めて工場を占拠し、また貧しい農民も各地で土地を占拠した。しかし、これらの運動が失敗すると、地主・資本家・軍部などの支配層の反撃が始まった。
この流れに乗じて、ムッソリーニの率いるファシスト党（1919年成立）が勢力を拡大した。

（『詳説世界史B』三四三ページ）

イタリアは戦勝国であるにもかかわらず、要求した領土を得ることができず、国民を失望させました。社会党も勢力を拡大したものの、革命を実現するような力も意志も欠けていた。ムッソリーニにとっては、いよいよ機が熟したわけです。ヴルピッタによれば、ムッソリーニは参戦論を通じて「社会主義」と「民族主義」を合流させたといいます。つまり、「プロレタリアートの国際的な連帯とは異なる革命思想」を生み出したのです。

彼の革命とは、一つの階級の台頭ではなく、国民全体を巻き込む事業として、より正しい社会の構築を目的にし、かつ、世界の資源再分配を視野に入れて国家を強化させ、すべての階級の生活水準を向上させることであった。この発想を抱きつつ、彼は終戦間もなく政権獲得への道を歩み出したのである。

（『ムッソリーニ』一三九ページ）

こうしてムッソリーニは、一九一九年三月にミラノで「戦闘ファッショ」を結成し、社会党への攻撃を開始しました。彼は階級闘争を否定し、労使協調を主張した。すでにここにファシズムの重要な論点が表れています。先の教科書の記述にあるように、一九一九〜二〇年は「赤い二年間」と呼ばれるほど、労働者のストライキや農民による大地主の農地占拠が頻発し、社会主義革命への不安が煽られた時代でした。政府や議会も有効な対策をとれない。そのようななかで、戦闘ファッショは武力を用いて、社会主義運動との抗争を繰り広げていきました。

ムッソリーニ政権の樹立

気運が変わったのは、一九二〇年夏に起きた、社会党が主導する工場占拠からです。労働者は、この工場占拠に革命の第一歩を期待したのですが、結果として社会党と労働組合は政府と妥協します。これが労働者を大きく失望させることとなり、これ以降イタリアではファシスト運動への期待が膨らんでいきました。

ファシスト運動は短期間で驚異的な成長を記録した。一九二〇年の終わりごろには八十八支部で二万人を擁していたが、一九二一年には十倍の八百三十四支部で約二十五万人に達していた。二一年の春にファショは、社会党系の農業連盟を抑えて北部・中部イタリアの大部分を支配下に置き、国民から大きな支持を受けて一流の政治勢力にのし上がった。

（『ムッソリーニ』一五九～一六〇ページ）

一九二一年五月に行われた総選挙で、戦闘ファショは国会の議席も獲得しました。同年一一月、ムッソリーニは戦闘ファショを「ファシスト党」に改組し、各地のファシズム運動の組織化に成功します。以降、ムッソリーニは政権獲得計画を積極的に推し進めていきました。

とにかく、ファシスト運動の再編に一応成功したムッソリーニは、この時点から実力行使と対話姿勢をうまく使い分けて、政権獲得計画を積極的に進めていった。党の軍事部門の動員状態を維持し、国土全体に勢力を張るように闘争を継続させる一方、国を安定させる唯一の選択肢が、ファシスト党の政権参加であることを、既成の政治勢力に納得させようと試みたのである。

（『ムッソリーニ』一六七ページ）

とはいえ、すべてが順風満帆だったというわけではありません。ファシスト党を封じ込めようとする動きが活発化してきたのです。しかし、当時大きな勢力を持っていた社会党系の労働組合が指揮するゼネストを、ファシスト党が崩壊させたことで、この流れは大きく変わりました。〈ゼネストという言葉は赤色革命のイメージを連想させ、穏健派の反感を買い、その反面、ファショ行動隊はかえって国家や秩序の守護者として見えてきた〉(『ムッソリーニ』一六八ページ)からです。

これを機に、ムッソリーニは政権の奪取を決意します。一九二二年一〇月、ファシスト党の行動隊はローマへと進軍を開始しました。これが有名な「ローマ進軍」と呼ばれるクーデターです。もはや政府に、クーデターを止める力はありませんでした。当時のルイージ・ファクタ内閣は進軍を阻止するために国王に戒厳令を要請しましたが、国王はそれを拒否し、混乱を鎮めるためにムッソリーニに組閣命令を下しました。ムッソリーニは、すぐさまファシスト党、国民党、民主党、自由党などからなる連立内閣を組織し、政権を樹立します。こうしてムッソリーニは政権を奪取することに成功しました。この時のムッソリーニは三九歳、イタリア史上最年少の首相となったのでした。

第二章　ファシズム独裁の誕生と死

近代イタリア・日本史年表（1922～1946年）

年	イタリアの動き	日本の動き
1922	ムッソリーニ内閣成立	
1923		関東大震災
1924	マッテオッティ殺害事件	
1925	ムッソリーニ、独裁を宣言	治安維持法成立 普通選挙法成立
1929	ラテラノ協定	
1931		満州事変
1932	リビア平定を宣告	五・一五事件
1933		日本、国際連盟脱退
1935	エチオピア侵攻	
1936	イタリア国王がエチオピア皇帝を兼任 ベルリン＝ローマ枢軸を結成	二・二六事件 日独防共協定
1937	イタリアが日独防共協定へ参加	盧溝橋事件
1939	アルバニア侵攻	
1940	第二次世界大戦にイタリア参戦	日独伊三国同盟締結
1941		太平洋戦争
1942		ミッドウェー海戦
1943	イタリア王国降伏	
1945	ムッソリーニ処刑	日本降伏
1946	イタリア王制廃止	天皇の人間宣言

選挙法の大改正

前章に引き続き、第二章でもイタリア史からファシズムの流れをつかんでいきましょう。本章ではファシズム政権確立期からその終焉までを概観していきます。まずは、「一九二二年のローマ進軍をきっかけに、イタリア史上最年少の三九歳で首相に任命されたムッソリーニは、どのようにしてファシズム独裁政権を築いていったのか」についてです。当時のイタリア国民はムッソリーニ政権に対して何を望んでいたのか。ここもヴルピッタ著『ムッソリーニ』で確認してみましょう。

国王との会見後、ムッソリーニはホテルに入り、部屋のバルコニーから喝采を叫ぶ群衆に「自分の目標は内閣を組織するに留まらず、決断力がある政権を創出することにある」と告げた。国民が望んでいたのはまさにそれであった。四年間で五回も内閣が交代した大戦後の不安定な状況や、無力な政府を生んだジョリッティ流の妥協政策に失望した国民は、権力を駆使し政策を実現する能力のある政権を待ち望んでいた。

(『ムッソリーニ』一八二ページ)

ジョリッティとは、一九世紀後半から一九二一年までの間に、イタリアの首相を五回も務めた自由主義の政治家ジョヴァンニ・ジョリッティ（一八四二〜一九二八年）のことです。ジョリッティは、左派と右派それぞれの利害を調整しながら、議会内で多数派を形成する政権運営を得意としました。しかし、それは結局「決められない政治」へとつながり、その反動から国民はカリスマ的な魅力を持つムッソリーニのファシスト党を支持するようになったのです。強いリーダーシップを発揮することを期待されたムッソリーニが一九二二年一〇月に首相に就任すると、国民は喝采をもって迎えました。

しかし、この時点でのムッソリーニの権力基盤は、まだそれほど強固なものではありませんでした。〈彼は地主や産業界や軍、あるいは限定的ながらも王室等の後援を獲得したものの、いずれも時局的な都合での支持に過ぎず、恒久的な同盟関係ではなかった〉（『ムッソリーニ』一八七ページ）からです。

そこでムッソリーニは、首相就任後間もない一九二二年一二月に、「ファシズム大評議会」を設立し、指導権の強化を推し進めました。ファシズム大評議会とは、ファシズム時代のイタリア王国における、国家の最高決定機関のことです。このファシズム大評議会により、党の指導権の中央集中がさらに進められました。

またムッソリーニは、さらに独裁体制を強めるべく、一九二三年に選挙法を大きく改正しました。そして、翌年に総選挙を実施しています。

ムッソリーニ内閣は好評を得たが、武力行使の結果として生まれた政権の正当化が必要であった。そのために、まず政府に安定した基盤を与えるため、選挙で二五パーセント以上の得票率を得た第一党が議会の議席の四分の三を獲得する、という特別多数政治選挙制度を導入してから議会を解散し、一九二四年四月に総選挙を実施した。その結果、ファシスト党を中心とした連立勢力の得票率は六五パーセントに上り、三百七十四議席（うちファシスト党二百七十五議席）を獲得した。

（『ムッソリーニ』一九六ページ）

この圧勝によって、ムッソリーニは安定した政権基盤を獲得したかのように見えました。ところが、その直後にムッソリーニは絶体絶命のピンチに襲われます。それが一九二四年六月に起こった「マッテオッティ殺害事件」でした。

マッテオッティ殺害事件

マッテオッティ殺害事件とは、社会党の国会議員ジャコモ・マッテオッティ（一八八五〜一九二四年）が、一九二四年六月一〇日の午後にローマの自宅を出たあとファシスト活動家に誘拐され、その後遺体となって発見されたという事件です。マッテオッティは強硬派の社会党書記長で、ムッソリーニ政権に対し、強く反発していました。彼は議会で、ファシスト党が暴力的な選挙活動を行ったと糾弾し、選挙の無効を訴えていたのです。そのような状況のなか、マッテオッティがファシスト活動家に殺害されてしまいました。

ムッソリーニ自身は、社会党との対話路線を示していたので、この殺害事件に関与していたとは思えません。しかしメディアは野党を支持し、政権に強い非難の声を浴びせ続けました。ムッソリーニ政権は大きな打撃を受け、崩壊寸前の状態に陥ってしまったのです。

窮地に陥ったムッソリーニですが、野党は結局彼を追い詰めることができませんでした。野党議員は国会から引き揚げ、国王にムッソリーニの解任を求めたのですが、肝心の国王にその意思がなかったからです。その結果、野党は行き詰まり、有効な攻撃を加えることができなくなりました。

野党の無策が明らかになったとき、国民はファシスト政権の続投をもっとも安全な選択であると納得した。むしろ、野党の散発的な暴行や政府に対する執拗な攻撃が反感を呼ぶようになった。そして、九月十二日にマッテオッティの殺害への報復として、視覚障害者だったファシスト党の代議士アルマンド・カサリーニが白昼ローマの電車のなか、幼い娘の前で殺されたとき、その殺害は野党の中傷作戦の行き過ぎが生んだ緊張感の結果とされ、暴力の悪循環の恐ろしさが指摘された。

(『ムッソリーニ』二〇四ページ)

この報復に対し、ムッソリーニは激怒する党員を抑え、報復行動を禁じたのですが、それがファシスト党内部の反発を招きました。この混乱した状況に対して、強い行動に打って出ることを求められたのです。

もはや静観したままでは党を抑えることができないと自覚したムッソリーニは、決定的な行動に踏み出しました。一九二五年一月三日に議会で強気の演説を行い、独裁宣言を発したのです。

これは事実上のクーデターで、合憲体制が独裁体制へ移行するという、イタリアの議会制度が実質的に消滅した日と言われています。彼の演説は次のようなものでした。

「議場にいる諸君やイタリア全国民の前で告げる。これまで起きたことのすべての、政治的・道徳的・歴史的な一切の責任は、自分が負うものである。もし誤解を招いた言葉だけが、人間を絞首刑にするに足りるなら、絞首台を持ってこい！　綱を持ってこい！　もしもファシズムがヒマシ油とこん棒だけに過ぎず、イタリアの優れた青年たちのすばらしい情熱の表れではなかったならば、自分にその責任を！　ファシズムが暴力団ならば、自分はこの暴力団の首領だ！　もしすべての暴行が特定の歴史的・政治的・道徳的な環境の所産であった場合、自分にその責任を！　この歴史的・政治的・道徳的環境は、参戦運動時代から今日までの宣伝活動によって、自分が創り出したものだからだ」。

（『ムッソリーニ』二〇五～二〇六ページ）

逆ギレと言ってもいいくらいの強気の演説ですが、ムッソリーニは反対派の勢力が政権を覆す力のないことを知っていました。実際、野党は事実上何の抵抗もできず、国民もムッソリーニのこの発言を冷静に受け入れています。

こうしてムッソリーニの独裁体制が確立することになり、その翌年にはファシスト党以外の政党が解体されました。これによりファシスト党の政権独占体制がほぼ完成し、ムッソリーニは新たな国家構想に着手していくのでした。

組合を基盤とした国家構想

独裁体制のもと、ムッソリーニは組合組織を国家の基盤に据えました。その中枢的機関となったのが、一九二六年に設立された「協同体省」です。この協同体省について、第一章でも紹介した新明正道『ファッシズムの社会観』の説明を見てみましょう。

> ファシズムの協同体国家において、その眼目を成すものは、国家の組合に対する支配及び労働と資本の協調である。この目的はそのあらゆる法制を貫通している。しかし、特にこの要請に基づいて労資関係を統制するために、ファシズムは、指導的機関として、協同体省を設立した。これは協同体国家の中枢的機関たるべきものである。
>
> (『ファッシズムの社会観』一六四〜一六五ページ、表現・表記を一部改めた)

『ファッシズムの社会観』によれば、協同体省の目的は、労資協調を幇助することにあります。イタリア・ファッシズムにおいては、労働は社会的義務です。それゆえに労働組合も、国家の承認や保護を受けるべきものだと規定されます。

さらに、労働紛争を国家の管轄下におく労働裁判制度が導入され、ストライキは禁止されました。このように、労働組合を国家機構に組み込むことで、市場経済の原理は否定され、経済と生産を調整するのは国家の役割であるという「ファシズムの経済論」が確立していったのです。

この「ファシズムの経済論」について、以前ヴルピッタは私と対談した折、次のように語っていました。

> イタリアにおいては、１９２７年の「労働憲章」でネオ・コーポラティズムの原理が確立しました。ここにおいては、肉体労働と知的労働、労務提供と経営活動との間の区別が否定され、生産に関わるすべての活動が労働として定義されました。労働は、個人の福利とともに国家の発展をもたらすゆえに、国民の義務であり、同時に国家から保護されるべきものとされました。労働の尊厳が回復され、経済活動の動機を利潤

追求とする市場経済の原理は否定されたのです。

（『月刊日本』二〇〇八年一一月号「甦れ、ファシズム!!」第二回）

ネオ・コーポラティズムとは、政府と利益集団（労働組合や経営者団体など）が協調して、経済政策を行っていくことです。そこでは市場原理による利潤追求ではなく、社会集団の利益が優先されるとヴルピッタは言います。

混合経済の導入

一九二九年の世界大恐慌以降も、イタリアでは国家が積極的に経済へ介入していきました。一九三三年には産業復興公社を設立し、金融や工業部門の半国営化を推し進めます。民間部門と公共部門との混合経済体制を導入するこの試みは、当時のヨーロッパとしては画期的なものでした。

ヴルピッタも〈戦後、西ヨーロッパの特徴となった混合経済体制を初めて導入したのは、当時のイタリアであった〉（『ムッソリーニ』二一六ページ）と評して、次のように述べます。

一九二九年の大恐慌によりムッソリーニは従来の資本主義経済・政治体制は破綻しているとの確信を得た。彼は、新しい社会体制に相応しい解決法を追求しなければならないとの考えから、ファシズムを資本主義と社会主義を一挙に否定する「第三の道」として主張したのであった。

（『ムッソリーニ』二一六ページ）

第一章で、私は「ムッソリーニは経済学者パレートから影響を受けている」ことを指摘しました。そこでも触れましたが、「パレート最適」という理論は、簡単に言うと「有限である資源（財）の効用を最大化」することです。ただし、誰かの効用を上げるには、どのように資源配分を変えようとも、他の人の効用を下げなくてはなりません。

したがってパレート最適の考え方に従うと、資本主義が暴走して格差や貧困が拡大した場合、国家が経済に介入して社会的公正さを取り戻すべきであるという発想につながるのです。

また、この発想は手厚い社会福祉政策の実施にも影響を与えます。実際、ファシズム政権下のイタリアでは、労働賃金の保障や健康保険、有給休暇制度といった社会福祉政策が次々と導入されました。他にも観劇やハイキング、スポーツ活動などを国民に提供する組織的な余暇運動が行われ、国民統合に大きな役割を果たしていきます。

もう一点、この時期のムッソリーニの業績として重要なのが、カトリック教会と和解したことです。これを「ラテラノ協定」と言います。

ラテラノ協定とは、一九二九年にローマのラテラノ宮殿で、ムッソリーニと教皇庁が結んだ協定です。教皇庁とイタリア王国は長く国交断絶状態でしたが、このラテラノ協定により、関係を正常化させました。ムッソリーニはヴァチカンを国家として、またカトリックがイタリア唯一の宗教であることを認め、一方、教皇側もムッソリーニ政府を承認したのです。現在のヴァチカン市国は、このラテラノ協定によって成立しました。

このように、ムッソリーニは第一次世界大戦後のイタリアを安定させ、資本主義や社会主義とは異なる政治経済体制を創出することに成功します。こうしたムッソリーニが残した政治的・経済的な成果を見ると、ファシズムが同時代の人々から評価されたのもうなずけるでしょう。

教育者ムッソリーニ

ムッソリーニがこうした数々の功績を残すことができたのは、彼がイタリア国民から圧倒的に支持されていたからです。では「なぜムッソリーニは、カリスマ的な人気を集めることができたのか」。ここで少し、彼のパーソナルな側面について触れておきましょう。

ヴルピッタは、「ムッソリーニには〝教育者の資質〟が備わっていた」と指摘しています。ムッソリーニの母親は小学校の教師で、父親もまた社会主義の活動家として大衆の教育に対して意識的でした。ムッソリーニ自身も師範学校を卒業しています。

政治活動に当たっても、彼はいつも教育の面を重視した。社会党時代は、階級闘争もゼネストも、大衆の教化のための手段であると彼は見なしていた。第一次世界大戦参戦の際にも、戦争経験をプロレタリアートの教育として重視し、その後は戦争を国民全体の教育の場として考えた。さらに、政権を取ってからは国民全体の教化の野心的な事業にも携わった。全国民を巻き込む大衆行動、ファシスト党の儀式、レトリックの強調、攻撃的な政策、みなイタリア人を鍛え、偉大な民族に仕立てるためであった。彼の政権が独裁体制を選んだことも、この点から解釈できる。全国民の教師になるためには、彼には絶対的な権威と権力が必要であった。彼は国の最高の教師として、自分自身を模範にして「イタリア人」を形成しようとした。そして、民族としての誇りの回復を願っていたイタリア人は喜んで、自分たちを古代ローマ人の子孫にふさわしい国民に仕立てようとしたムッソリーニの生徒になった。（『ムッソリーニ』二五ページ）

この記述からもわかるように、ムッソリーニは国家を「学校モデル」として捉えていました。ムッソリーニ自身は大衆を蔑視していたので、大衆そのものが政治的な役割を果たせるとは思っていませんでした。しかし、彼は民族共同体の完成のためには、大衆が台頭してくる必要があると考えたのです。

そのためには、大衆の精神的・知的な水準を引き上げなくてはならない。そして、その役割はエリートが引き受けるという「エリート主義」が、ムッソリーニの信念でした。

ムッソリーニ自身も、学ぶことにより大衆からエリートへと転身した人物です。当時のイタリアには、貴族社会的な側面が残っていました。そのような時代に、中産階級出身のムッソリーニは、通常では突破することのできない階級の壁を、教育によって乗り越えてきたのです。

そしてムッソリーニは、大衆に対しての「よき教師」的な面を、実際に持っていました。

ムッソリーニには複雑な問題の中核を把握し、それを判りやすく、かつ説得力ある方法で説明する才能があり、したがって聴く相手も「自分が今まで無意識に感じていたことを明らかにしてもらった」という印象を受けたのである。

新聞記者ウゴ・オイエッティは演説者ムッソリーニの人気の秘密をみごとに理解した。「聴衆を支配するために、ムッソリーニは三つの特徴を有している。第一に、文節を決して中途半端にしない、文法上、正確な話し方。第二に、よく記憶に残る印象的で鋭いアフォリズム（引用者注：人生・社会などの機微を簡潔に言い表した言葉）。（中略）第三の特徴は、安堵感を与える断定的な発言の連続であり、それによって聴衆の多数は信頼をもって安心する。霧もなく灰色もなく、すべて白か黒である」。

（『ムッソリーニ』二一七～二一八ページ）

こうした能力を駆使して、ムッソリーニは大衆の心をつかんでいきました。エリートでありながら、国民に直接訴える言葉を使いこなすことができたという点では、ポピュリストのようなイメージに聞こえるかもしれませんが、ムッソリーニという人間を理解するには、イタリア国民にとっての優れた教師という像で捉えることが重要なのです。

生まれながらのドゥーチェ

国民の最高の教師であるムッソリーニは、「Duce（ドゥーチェ）」と呼ばれていました。もともとは一語源であるラテン語の「dux」は、「指導者」といった意味を持っています。もともとは一般名詞ですが、現在ではムッソリーニの称号としてもっぱら使われている言葉です。

ドゥーチェの呼称は、ムッソリーニにぴったりであった。彼は不思議な魅力を備えた人物であった。子供のときから餓鬼大将で年上の仲間にも尊敬され、師範学校時代に学友の間に君臨した。政治活動を始めてもすぐに中心人物になり、社会党の無名の地方幹部からのし上がって長老を追い出し、間もなく事実上の党の支配者になった。離党してから参戦派の指導者になり、その後ファシショ運動を起こしてからも、そのリーダーの立場を争うものがなかった。この驚異的なキャリアを考えると、もともと彼には人に命令し、人を導く天分が備わっていたのであった。まさに生まれつきの《ドゥーチェ》であった。

（『ムッソリーニ』二九ページ）

どうやらムッソリーニの指導力は、天性のものでもあったようです。それゆえに、ファシスト党による一党独裁も、実質的にはムッソリーニ個人の才覚によるところが非常に大きかった。その意味で、彼はこの時代のイタリアの歴史を一人で背負っていた存在だったわけです。

親日派ムッソリーニ

では、ここで再びイタリアの歴史に目を向けてみましょう。一九三〇年代後半のイタリアについて、世界史の教科書では、次のように説明しています。

> 経済基盤の弱体なイタリアは、恐慌によってたちまちいきづまった。ムッソリーニは対外侵略によって苦境を脱しようとして、1935年、エチオピアに侵攻し、翌年全土を征服した。国際連盟はイタリアを侵略国と認めて、連盟初の経済制裁を実行したが、内容は不十分で効果をあげず、連盟の威信はそこなわれた。イタリアはこの間、ナチス＝ドイツに接近し、36年ベルリン＝ローマ枢軸を結成した。
>
> （『詳説世界史B』三六二ページ）

さらに一九三七年には日独伊防共協定が、一九四〇年には日独伊三国同盟が結ばれました。この三国は、第二次世界大戦で「枢軸国」として同盟することになります。

ここで特筆しておきたいのは、日本に対するイタリアとドイツの態度の違いです。日本が真珠湾を攻撃した一九四一年一二月八日からほどなくして、ムッソリーニは国民に向かって日本の参戦を大いに歓迎する演説をしています。この部分をヴルピッタの著作から見てみましょう。

十二月八日、日本とアメリカ合衆国が戦争を開始した。十一日、イタリアとドイツもアメリカに対して宣戦布告を行なった。ヒトラーによる国会への発表より早く、ムッソリーニはヴェネツィア宮のバルコニーからそれをイタリア国民に告げた。この演説で彼は、素晴らしい武道の伝統を誇る日本とともに戦うことがイタリアにとって光栄であると断言し、戦争の責任がルーズヴェルト一人にあると述べ、彼を自分の国民も騙した「正真正銘の民主主義的な専制君主」として弾劾した。また、日本の参戦により、枢軸国家の戦争目標が明らかになると、強調した。

(『ムッソリーニ』三〇五~三〇六ページ)

ヒトラーとムッソリーニの最大の違いは、ムッソリーニが心底親日家だったということです。だから、日本が全世界を敵に回す戦争に突入することを歓迎しました。

それに対してヒトラーは日本が対米戦争に入ることを望んでいませんでした。なぜか――それはヒトラーが、イギリスと和平を結びたかったからです。

ヒトラーの人種理論からすると、アングロサクソンもまたゲルマン民族の仲間です。だからゲルマン民族でありアーリア人種のイギリス人とドイツ人が、争う必然性はありません。ヨーロッパでの戦争で勝ち続けているドイツは、「アメリカが参戦せず、イギリスを孤立させておけば、いずれかのタイミングでイギリスとは和平が結べる」と考えていました。

ところが日本が対米戦争を始めてしまうと同盟関係があるので、ドイツもアメリカと戦争しなければならない。当然、アメリカはイギリスとの同盟を強化して、直接、ドイツとの戦争に乗りだしてきます。これはドイツにとっては好ましくありません。

ムッソリーニとヒトラーの違い

さらに人種という点からも、ヒトラーは日本に対して偏見を持っていたとヴルピッタは

1934年、ヒトラー（左）をヴェネツィアに迎え入れたムッソリーニ（右）。
2人の日本に対する考えはまったく違っていた。

指摘しています。

ヒトラーの考え方の背景にはより本質的な問題が見え隠れしていた。それは黄色人種の日本人に対する偏見であった。嫌々ながら東アジアにおける日本の影響圏を認めはしたものの、『我が闘争』にも記した如く、日本との同盟は政治的観点から賛成すべきであっても、人種の観点からは非難すべきであると考えていたのであった。したがって、「アジアをアジア人に」という日本の主張を、彼は納得できず、白人国家であるアメリカとイギリスを抑えて日本が影

響圏を拡張することを望ましく思っていなかった。（『ムッソリーニ』三〇六ページ）

この点についても、ヒトラーとムッソリーニは対照的です。ムッソリーニは一九世紀末から二〇世紀前半にかけてヨーロッパやアメリカなどの白人国家に見られた黄禍論（こうかろん）を、〈黄禍論は存在しない。それは貿易における日本の競争力の問題に過ぎない〉（『ムッソリーニ』三〇八ページ）と否定しています。黄禍論とは、日清戦争末期の一八九五年頃からヨーロッパで唱えられていた、「黄色人種の台頭が白人社会に脅威を与える」という説です。

ムッソリーニも、黄色人種の出生率の高さを懸念してはいました。しかし、それは退廃しつつある白色人種に対する警鐘として受け止め、日本と接する時は人種問題を超克すべきであると考えていたのです。

ムッソリーニは、エチオピアやアルバニアを併合しますが、そこでも人種主義的な発想は希薄でした。もちろん、それは彼が現代的な人権感覚を持っていたからというわけではありません。ただ、少なくともムッソリーニは〈白色人種による世界支配を提唱せず、日本人や有色人種との共存を支持した〉（『ムッソリーニ』三〇八ページ）とヴルピッタは言います。

したがって、ムッソリーニとヒトラーでは戦争の目的も大きく異なりました。この点は重要なので、ヴルピッタの文章をそのまま引用しましょう。

一九四一年にチャーチルとルーズヴェルトが「大西洋憲章」で連合国の政治理念を提唱し、戦後体制の構想を提案した後、ムッソリーニは枢軸国も、ヨーロッパの将来像を描き、インド・アラブ諸国等の独立を明記する戦後世界の「新秩序」の憲章を発表するよう、執拗にヒトラーに働きかけたが、彼はこれを頑固に拒み続けた。この問題にこそ、ムッソリーニとヒトラー、あるいはファシズムとナチズムとの根本的相違点が表面化していた。一方、ムッソリーニにとって、世界戦争はファシスト革命の延長で、西洋民主主義国家の覇権主義を打倒し、世界の再編成を実施することを目的にすべきであった。他方、ヒトラーはゲルマン民族の優越性を主張し、ラテン民族との友好関係を認めはしたが、英・米・仏の覇権の代わりにドイツの覇権を構築しようと考えたのであった。この観点から、日本の参戦はムッソリーニが提唱した戦争目的に適合するものであった。それによって、戦争がドイツの戦争ではなく、新しい世界秩序を要求する新興列強の戦争になり、その目的としてアジアと中東の独立も含まれていた。これを念頭に置くと、日本の参戦により、枢軸国家の戦争目的が明らかになるというムッソリーニの発言の意味が理解できる。（『ムッソリーニ』三〇八～三〇九ページ）

ヒトラーの考え方は「普遍主義的」で、アーリア人種による世界の一元的な支配を目的としていています。それに対してムッソリーニの考え方は「多元主義的」です。これまで覇権を握っていたイギリス・アメリカ・フランスの力が小さくなり、今まで小さかったドイツ・日本・イタリアの影響力が大きくなっていく。ムッソリーニは、そうした形での世界の再編もありうるという青写真を描いていました。哲学的には、ゴットフリート・ライプニッツ（一六四六～一七一六年）の「モナドロジー（単子論）」に近い考え方です。

モナドロジーとは、ライプニッツが考案した空間を説明するための形而上学（けいじじょうがく）的な概念です。宇宙は「部分を持たない単純な実体」である無数のモナド（単子）から成立していると、ライプニッツは唱えました。

ライプニッツの言うモナドとは、あらゆる事物を構成する究極的な実体のことです。ギリシャ哲学の原子論を構成する「アトム（原子）」のように感じられるかもしれませんが、ライプニッツの唱えたモナドロジーの世界観は、「均質な原子から世界は構成される」とするアトム的世界観とは大きく異なります。モナドは物質的な広がりを持たない、言うなれば「精神存在の基本単位」のようなものです。

このモナドという言葉は、ギリシャ語で「一」を意味するモナスに由来しています。一つひとつのモナドのあり方はすべて異なりますが、全体としては調和がとれている。たとえるならば、それぞれ異なる楽器の演奏者同士が、他の楽器の音を聞きながら演奏することでメロディーが合わさり、全体としてバランスのとれたよい音楽を奏でるオーケストラになるようなものと言えるでしょう。つまり、それぞれのモナドは、他のモナドを観察しながら自らを表現しているわけです。

このように、ムッソリーニはオーケストラがみんなで一つの曲を奏でるように、「それぞれの国家が個性を発揮する形での世界の再編」を考えていました。こうした多元主義的な考え方は、当然「寛容性」との親和性も高い。寛容性とは、自分とは違う意見を持つ者や、異なる民族に対して一定の理解を示し、許容する態度・心の広さのことです。近世ヨーロッパ社会において生み出された概念で、もともとは異教を許すという宗教上の態度として使われていました。

多元主義的なイタリア・ファシズムは、ナチズムと異なり他者に対して寛容です。この違いは、ムッソリーニとヒトラーの思想の必然的な帰結なのです。

イタリア・ファシズムの終焉

しかし、すでにご承知のように、第二次世界大戦によって、イタリア・ファシズムは解体していきます。イタリアは、一九四〇年に第二次世界大戦に参戦しましたが、敗色が濃厚になってくると、軍部やファシスト党からもムッソリーニを批判する声が次第に高まってきました。

そして一九四三年七月、久しぶりに開催されたファシズム大評議会において、ムッソリーニが持つ全権を国王に返還するという提案が採択されました。その後、ムッソリーニは国王に首相解任を告げられます。国王との面談の後、ムッソリーニは「カラビニエリ（憲兵）」に逮捕されました。

その瞬間の描写を読んでみましょう。ムッソリーニが国王から解任を告げられた後の場面です。

ムッソリーニが表に出ると、玄関前に待機するはずだった自分の車が数十メートル先に移動させられていることに気づいた途端、憲兵大尉が現れて国王から彼を保護する任務を受けたと伝えた。「そのようなことは必要ない」とムッソリーニは叫んだが、「ドゥーチェ！　私は命令を実行しなければならない」と大尉は反論した。「それでは、ついてきてください」とムッソリーニは自分の車に向かおうとしたが、大尉は彼を抑えて「いいえ、ドゥーチェ！　私の車で行かねばならないのです」と言った。そしてそこに駐車してあった赤十字の救急車の方へ彼を導いた。ムッソリーニは躊躇しつつ乗り込んだ。安全措置であると思っていたが、実際は彼は逮捕されたのであった。

（『ムッソリーニ』三二五〜三二六ページ）

その後、ヒトラーがムッソリーニを救出し、北イタリアに「イタリア社会共和国」を樹立させました。イタリア社会共和国は、一九四三年九月から四五年四月まで存在した、イタリア・ファシズム政権として機能した国家です。

一方、ムッソリーニのあとにイタリア王国の政権を握ったピエトロ・バドリオ（一八七一〜一九五六年）は、連合国に対して無条件降伏し、ドイツに宣戦布告しました。いわばイタリアは分裂状態に陥ったわけです。

やがてドイツの敗戦が明らかになってくると、レジスタンスが武装蜂起し、イタリア北部を解放することに成功します。そして一九四五年四月、ムッソリーニはパルチザン（一般民衆によって組織された非正規軍）たちに捕らえられ、銃殺されました。ムッソリーニの遺体は、ミラノのロレート広場に、他のファシストらとともに逆さ吊りにされた。ここに、イタリア・ファシズムの時代は完全に終わりを告げたのです。

第三章　ファシズムの内在的論理

世界に広がっていったファシズム

第一章、第二章では、イタリア統一から第二次世界大戦にかけて、ファシズムがどのような背景のもとで生まれ、そして解体していったのかをムッソリーニの歩みと重ね合わせて考察しました。それを踏まえて、本章ではファシズムの思想的な側面に注目してみたいと思います。

はたしてファシズムとはどのような思想なのか、またその内在的な論理はどのようなものなのか。こうした問いに正面から向き合っている本は、現在の日本ではほとんどありません。しかし、ファシズムの内在的論理を理解しなければ、「なぜファシズムは、これほど多くの国々に広がっていったのか」という理由を解き明かすことは不可能です。事実、ポーランドのユゼフ・ピウスツキ（一八六七〜一九三五年）によるファシズム政権や、一九三三年に設立されたスペインのファランヘ党、また一九四〇年から四一年まで政権を獲得したルーマニアの鉄衛団など、この時代、世界各地でファシズム運動が活発化しました。

ピウスツキは、一九二六年のクーデターで政権を握り、独裁政治を行ったポーランドの軍人・政治家です。ポーランドは一九一八年に独立しましたが、ピウスツキはその独立運動の指導者として活動しました。「ポーランド建国の父」として英雄視され、国家元首となったピウスツキですが、一九二三年に権力を議会へ移譲し、いったん辞任します。その後、一九二六年に議会制に反対してクーデターを起こし、軍部による独裁とファシズム体制を敷いたのでした。

スペインのファランへ党はのちにフランコ政権の国家政党となったファシズム政党、また鉄衛団は一九二七年から第二次世界大戦の初期にかけてルーマニアで起こった、極右の反ユダヤ主義民族運動を推進した政党です。一九四五年以前の時代、ファシズムの影響がなかった場所は世界中どこにもなかったと言っても過言ではありません。

「ファシズム」というレッテル貼りの横行

ファシズムの周辺には、ファシズムと混同して語られる概念があります。それは、「自民族中心主義（エスノセントリズム）」「純血主義」「超国家主義（ウルトラナショナリズム）」「全体主義」「ナチズム」「独裁主義」といった思想や運動です。

日本人の多くは、これらをすべて一括りにして「ファシズム」と捉えていますが、中身はそれぞれ微妙に異なります。たとえば自民族中心主義は、自民族の存在や利益、優越性を、他民族を排除することによって確保または増進しようとする運動ですし、超国家主義は国家を人間社会の最高の組織と見なし、個人よりも国家に絶対の優位を認める考え方です。単一民族国家神話のもとでは、自民族中心主義と超国家主義とはイコールで結ばれますが、実際には単一民族国家など存在しません。少数民族が力を持つ多民族国家では、民族国家という発想は紛争の火種にもなりかねません。

このような違った概念を、多くの人たちは「ファシズム」という言葉で一括りにし、絶対悪として議論の対象にすらしていません。**しかし、ありとあらゆるものにファシズムのレッテル貼りをするような粗雑な理解では、二〇世紀ファシズムが持つ魅力とその危うさ、そしてファシズムが犯した過ちを正確に評価することはできない。**そこで本章では、過去の優れたファシズム論を繙き（ひもとき）ながら、ファシズムという思想のエッセンスを考察していきます。

まず参照したいのが、イタリアの哲学者であるジョヴァンニ・ジェンティーレ（一八七五～一九四四年）のファシズム論です。ジェンティーレは、一九二二年から二四年にかけてイタリア・ファシスト政府の文部大臣として教育制度の改革を遂行した人物です。イタリア・ファシズムの思想的指導者として影響力を行使し、ファシズム失墜後の一九四四年に反ファシズム勢力によって暗殺されています。

ジェンティーレのファシズム論「ファシズムの哲学的基礎（THE PHILOSOPHIC BASIS OF

FASCISM)」は未邦訳ですが、『廿世紀思想⑧全体主義』（河出書房）に、社会学者の加田哲二がこれを要約した「ジョヴァンニ・ジェンティーレ」という小論が収録されています。この小論を参考にしながら、イタリア・ファシズムの理論的支柱であるジェンティーレのファシズム思想を見ていきましょう。論文の冒頭で、加田は次のように述べています。

ファシズムが一つの人生観に立脚した社会観であることは、否定し得ないところである。ムッソリーニは、「根本的に人生観ではない国家観」は存在しないことを前提とし、ファシズムを理解するためには、「精神主義的体系といわれるそれの全般的人生観」が把握されなければならぬことを主張している。ファシズムにあっては、世界は、すべての人間が、自己自身のためのみに存在する個々人たる皮相な物質的世界ではない。またファシズムにおける人間は、同時に国民であり、祖国を有する個人であり、一個の現実的伝統の中に生きる道徳的法則ですらある。

（『廿世紀思想⑧全体主義』一二七ページ、表現・表記を一部改めた）

難しい書き方をしていますが、言っていることは単純です。「人間は、個々バラバラに生きているのではない。また国家も、個人が社会契約をして成立するものではなく、一人ひとりの人間と一体である」ということです。昔、生活協同組合の組合員証に「一人は万人のために、万人は一人のために」と書いてありました。この「万人」を「国家」に置き換えて「一人は国家のために、国家は一人のために」とすれば、ファシズムのスローガンに変わります。人間は、社会のため、国家のために能動的に生きなければならない。こうした人生観にもとづいて、ファシズムの社会観は組み立てられているわけです。

塹壕体験から得た戦闘精神

ムッソリーニは経済力のない国は弱い国家だとし、国家の経済力を強くすることが重要だと考えました。では、いかにして国家の経済力を強くするか。それは「国民全員がよく働く」ことでしか、なしうることはできないというのです。そして、そのために必要なのは、国民全員が「戦闘の精神」で生きることだとムッソリーニは言います。

たとえば私たちが今、戦争で最前線に送られたと考えてみましょう。自軍が勝てば生き残れますが、負ければ殺されるか、もしくは捕虜になって屈辱的な思いをする。そういう状況に置かれた場合、人間は「今、自分に何ができるか」ということに、最大限の知恵を働かせるようになります。また、同時に戦友を助けるという協力的な精神性も醸成されるでしょう。**このような「戦闘の精神で人生を生きよ」というのが、ムッソリーニ流ファシズムの人生観なのです。**こうした考えには、第一次世界大戦でのムッソリーニ自身の戦争体験が反映されていると考えられます。

ムッソリーニは従軍した際、最前線に配属されることを望んでいました。そしてイタリア戦線（イタリアとオーストリア＝ハンガリー帝国の国境線沿いに掘られた塹壕をめぐる戦線）の東側国境に位置するカルソ高原に送られたのですが、そこは西部戦線と同じような塹壕戦の泥沼状態にはまり込んでいて、激しい消耗戦が繰り広げられていた場所です。実際、ムッソリーニも爆弾によって重傷を負っています。この時の従軍体験は、ムッソリーニの価値観に決定的な影響を与えました。どういうことか、ヴルピッタの著書から見てみましょう。

戦争がもたらした義務と犠牲の精神がイタリア国民に試練を与え、その試練によって新しい指導層が形成されていることは彼の確信となった。この新しいエリートを定義するために彼は「トリンチェーロクラツィア（塹壕貴族）」という新語を造り、塹壕の経験から生まれた共通の精神のもとに結束した新しい世代にイタリアを指導する権利があると主張した。

（『ムッソリーニ』一三五ページ）

参戦した兵士たちの間では、民族共同体としての連帯意識が高まっていました。それを見たムッソリーニは、「戦争は国民意識を覚醒させ、共同体の結びつきを強固にする」ことを確信したのです。加田の論文によると、ムッソリーニはファシズムを次のように定義します。

ファシズムは、一つの歴史的観念であって、それによれば、人間は知的並びに道徳的観点より見て、彼が家族的並びに社会的団体内に国民及びすべての国民が協力する歴史の中に占める位置の機能においてのみ存在するものである。

（『廿世紀思想⑧全体主義』一二九ページ、表現・表記を一部改めた）

すべての国民は知的かつ道徳的な観点から、家族や社会的な団体内で協力し合う存在だと、ムッソリーニは言います。そして、民族共同体としての連帯意識が高まれば、国家は強くなる。そこで重要になってくるのが、戦闘精神を日常で発揮することなのです。それはとりもなおさず、「政治、経済、芸術、宗教、科学といったあらゆる分野で、国民は協力しながら国家のために働かなくてはならない」という論理につながります。

ムッソリーニはイタリア社会党左派の出身なので、彼自身の考えはマルクス主義者的な「労働価値説」に立脚しています。労働価値説とは、「商品の価値は、その生産に費やされた社会的な労働量によって決定される」とする学説です。この理論からは、多くの労働者が一生懸命に働くことが、最大の価値を生み出し、その利益をもとに、やがて強い国家になっていくという考えに行き着きます。

田辺元『歴史的現実』

ファシズムは、次のように考えます。人間は個人の私的な利害や欲望よりも崇高な理念と関係することで、生きる意味が与えられる。家族や社会的な団体、国民の一員として協力しながら国家のために全力を尽くすことで、歴史形成に参加できる。そのような歴史的な使命に参加できない人間は、存在自体に意味がない、と。以上のことから、ファシズムは個人主義には徹底的に反対します。

原子が集まって物質が構成されるのと同じように、個人の総和から世界がつくられるという考え方は、フランス革命期の啓蒙(けいもう)主義から生まれたアトム(原子)的な世界像であって、二〇世紀にあっては古臭い思想にすぎないとムッソリーニは考えました。

またムッソリーニは、ユートピア的な改革にも反対します。これは端的に言うと、「**ファシズムは理想郷への到達を最終目標とするような、目的論的な発想をとらない**」ということです。なぜか。それはファシズムが歴史を、「絶えず変化しながら進化していく」という「生成」の概念で捉えているからです。ここに、ファシズムの独自性が表れています。

先ほど引用した加田の文章では、その直前に「ファシストにとって生の概念は宗教的なものだ」とも述べられています。この「宗教的」とは、キリスト教的・ユダヤ教的という意味での宗教ではありません。ユダヤ教やキリスト教には終末論的な歴史観があり、「この世の終わり」というゴールが設定されています。

一方ファシズムには、終末論的な究極のゴールなどありません。常に歴史は生成変化しながら進化していく。国家のもとで人々が連帯して、それぞれが戦闘精神を発揮しながら創造的に歴史の生成に参加する。そういった歴史観をファシズムは持っているのです。しかし、こうしたファシズムの歴史観にもとづけば、国家のために死ぬことも正当化されてしまいます。

この「国家と生」に関する論理を、日本で精緻に組み立てたのは、京都学派の哲学者・

田辺元（一八八五〜一九六二年）でした。一九三九年に田辺は京都大学の学生を相手に連続講演を行いました。その講演をまとめた『歴史的現実』（こぶし文庫）は当時ベストセラーとなり、特攻隊に志願した学徒兵たちは、この本をポケットに入れて、戦地に赴いたと言われています。同書の一節を見てみましょう。

兎に角先にも述べました様に、歴史は時間が永遠に触れる所に成り立つのであり我々個人はそれぞれの時代に永遠と触れて居る。個人は国家を通して人類の文化の建設に参与する事によって永遠に繋がる事が出来るのである。

（『歴史的現実』七一〜七二ページ）

私たちはいつか死ぬ。それがどのタイミングで訪れるかは誰にもわからない。しかし、個々人の生命は有限であっても、悠久の大義のために生きることによって、永遠に生きられる。つまり、国家のために死ぬことこそ、よく生きることだという論理構成になっています。こういう悪魔的な論理に、当時多くの若者が惹きつけられ、自ら死を選んでいきました。それは状況さえ変われば、現代にだって起きうることです。

だからこそ、私たちはファシズムの論理を理解しなくてはならないのです。**ファシズムについて学ぶことは、「生きることは死ぬことだ」「悠久の大義に殉じた者は永遠に生きる」という危険思想に対する予防接種をすることだと言っても過言ではありません。**

「全体」とは何か

加田によれば、ムッソリーニの主張は、哲学的に見れば近代イタリア哲学の代表者ともいうべきジェンティーレの根本的主張と合致している。そして「ムッソリーニをファシズムの指導的・実践的政治家であるとすれば、ジェンティーレは、その実践に参与したところの哲学的理論家ということができる」と指摘しています。

先に述べましたように、ジェンティーレはムッソリーニ政権下の文部大臣として、さまざまな教育改革を実施しました。前章で指摘したように、ムッソリーニにとって教育はきわめて重要な意味を持っています。そのトップをジェンティーレに任せたという点から見ても、イタリア・ファシズムの理論的支柱がジェンティーレであることがわかるでしょう。

では、いよいよ加田の「ジョヴァンニ・ジェンティーレ」を読み解いていきます。この論文の前半では、ファシズムの歴史的前提を説明していますが、そのなかで特に重点的に取り上げられるのが、イタリア統一運動の代表的指導者であるジュゼッペ・マッツィーニです。マッツィーニは、大学時代に秘密結社カルボナリ党に加わったのちに、一八三一年にイタリアの統一と共和制樹立をスローガンとする青年イタリアを結成しました。カミッロ・カヴール（一八一〇～六一年）、ジュゼッペ・ガリバルディ（一八〇七～八二年）と並ぶ「イタリア統一の三傑」の一人として知られている人物です。

第一章でも少し触れたように、ナポレオン一世の支配が終わったあと、イタリアではオーストリア支配に反発して、カルボナリ党や青年イタリアという秘密結社が独立運動を展開しました。マッツィーニは、民主的な共和主義にもとづくイタリア統一を訴えて、一八四九年には一時的とはいえローマ共和国を樹立しています。しかし、すぐにフランス軍に追放されてしまい、結局、マッツィーニの共和主義的なヴィジョンは不首尾に終わりました。それでも「ファシズムの持つ理念は、マッツィーニから大きな影響を受けている」とジェンティーレは言います。

マッツィーニは、政治を「道徳」「宗教」「すべての人生観」と不可分で統一的なものだと考えました。道徳的・宗教的・哲学的教養が分かれているような政治家では、多くの人の心を動かすことができないからです。そして、こうした不可分で統一的だという考えは、ファシズムの理念に関しても同様だと加田は言います。では、ファシズムはどのような意味で統一的な思想なのか。加田は、三つの方面から論じていますので、順番に見ていきましょう。

第一点。ファシズムの規定に際して、第一に注意しなければならぬ点は、ファシズム教義の全体的性質である。それは単に政治的秩序において、また国民の制度において、しかるのみでなく、国民の全意志・その思想・その感情において、統一的全体的であるということである。（『廿世紀思想⑧全体主義』一四四ページ、表現・表記を一部改めた）

すでに述べたように、**ファシズムというのは、制度だけでなく、国民の意志や思想も国家を志向しなければなりません。**これは、たとえて言うならばオーケストラに近い。演奏者は、バイオリン、パーカッション、ホルンといったそれぞれのパートに限定されている。この限定を自発的に受け入れて、一生懸命に練習するがゆえに、全体としてはすばらしいオーケストラが成立するのです。

ただし、ここで言う「全体」には注意を必要とします。ファシズムにおける全体とは、単純に「全世界に通用する普遍的概念」という意味ではなく、第二章でも触れた哲学者ライプニッツが世界の原理と考えた「モナド（単子）」の概念に近いものです。ファシズムの考える「全体」概念は、モナドのような自己完結型の基礎単位で、多元論的な構成になっています。したがって、イタリア・ファシズムのブロック経済や日本の大東亜共栄圏構想も、少なくとも論理的構成においてはモナド型の多元論の構成を取っていると言えるでしょう。

理論と実践の統一としてのファシズム

では、加田による「ファシズムの統一的思想」の第二点、第三点を見てみましょう。

第二点。ファシズムの教養は、普通の意味における哲学でもなければ、また宗教ではなおさらにない。またファシズムの教義は、完成されているものでもない。即ち特定のテーゼから出発しているものでもない。ファシズムにあっては、思索と行為は常に不可分である。故に、ファシズムは行動に移されない思索を尊重しない。ムッソリーニは思索を直ちに行動に移す。ここにファシズムの流動性・生命性がある。

（『廿世紀思想⑧全体主義』一四五ページ、表現・表記を一部改めた）

ファシズムでは、思索と行為は不可分であると言います。これはどういうことか。ファシズムは、「理論」「実践」というような対立項を立て、その間を「と」で結ぶ思考様式を嫌います。行動するには何らかの思想があり、思想を持つならば実践するのは当然だと考える。また思想的には、人間の生全体として政治を受け止めるべきであるという構えを取るのです。これは先に述べた「戦闘」の精神ともつながります。

第三点。ファシズムの体系は、思弁的体系ではない。（中略）ファシズムは戦後の大衆の苦悩を救済するために起こったものとして、まず国家観として理解され、従って政治的方法として、存在している。ファシズムはその政治的諸問題の解釈と解決とにおいて、その独自の方法をもっている。それは諸々の文化問題との統一において、政治を理解し、これを処置せんとするもので、全体的性質を有するものである。従って、ファシズムは、その進展に従って、その内容を表現して行くという傾向をもっている。

（『廿世紀思想⑧全体主義』一四五〜一四六ページ、表現・表記を一部改めた）

第一章でも述べたように、ファシズムとは、第一次世界大戦後の政治的混乱のなかからムッソリーニが起こした思想的運動です。政治的に混乱した状況から生まれたので、一種の救済概念という特徴を持っており、危機的状況に陥った国民を助け出そうとする改革の思想と捉えることができます。

改革気運が高まる前提について、日本ファシズム運動の理論的指導者と呼ばれた大川周明は〈いかなる世、いかなる国と言わず、改造または革新の必要は、国民的生命の衰弱・頽廃から生まれる〉（大川周明『日本二千六百年史 新書版』毎日ワンズ、一〇ページ、表現・表記を一部改めた）と指摘しています。国民的生命の衰弱・退廃は、善なるものの力が弱り、悪なるものが横行跋扈することによる。ゆえにこれを改造するためには、国民的生命のうちに潜む偉大なるもの・高貴なるもの・堅実なるものを認識し、これを復興させることで、現在横行している邪悪を倒さなくてはならないと、大川は言います。端的に言えば、改造または革新とは、自国の善をもって自国の悪を討つことでなければならないわけです。

イタリア・ファシストもまた、改革の前提として「イタリア国民が衰弱、退廃しているからだ」という認識を持っていました。ただし、この場合の改革に向けた処方箋は、「自国の善をもって自国の悪を討つ」というような復古主義ではなく、「現在のイタリア国民の意志に働きかけ、束ねていく」という点に、大きな特徴があります。

民族主義とファシズムの違い

先に、私は日本人の多くが「自民族中心主義」や「純血主義」「超国家主義」をすべて一括りにして「ファシズム」と捉えていると説明しました。確かに、ファシズムは民族主義を大きな養分としていることは間違いありません。しかしジェンティーレは、民族主義とファシズムには大きな違いがあると言います。それはどのようなものなのでしょうか。

> 民族主義とファシズムの相違は、また民族の概念において現れている。民族主義者は、民族を一つの精神の力として理解しないで、自然所与、自然事実として成立したものと理解する。しかるに、ファシズムは、民族を精神の力と解するが故に、それは常に発展するものであり、常に生成するものである。
>
> (『廿世紀思想⑧全体主義』一四七ページ、表現・表記を一部改めた)

民族主義的な観点からすると、その民族として生まれたからには、全体に対して何の貢献もしていない者でも、民族の一員として扱われます。一方ファシズムにおいては、出自は関係ない。そこに民族主義者とファシストとの見解の相違があるのです。これはどういうことか説明していきましょう。

たとえば、日本民族に属しているとすれば、通常、日本国籍を所有し、日本のパスポートを持つことができます。つまり、日本に対してまったく貢献していない人でも日本人として扱われ、国家の保護を受けることができる。これは「日本に生まれたから、日本人である」という「being」の民族観です。

それに対して、ファシズムの民族観というのは動的です。「親がイタリア人だから、子どももイタリア人」とは解釈しません。**ファシズムでは、「イタリアのために一生懸命に働く人間がイタリア人」となるのです。**だから男女の性差も、出自がユダヤ人であろうと何だろうとも関係ありません。今この瞬間に、イタリアのために貢献する人間がイタリア人なのです。だから、ファシズムから見ると、国民は「ある」ものという「being」ではなくて「becoming」、常に生成していくことになります。

イタリアのために懸命に働く人々を束ねていく。ファシズムの語源はイタリア語の「ファショ（束ねる）」という単語で、もともとはラテン語の「ファスケス（斧（おの）の周りに木の束を結びつけたもの）」から来ています。ナチスは障害者を、優生思想の観点から安楽死という形で除去していきました。一方、イタリアは障害者を保護しています。それはなぜなのでしょうか。

これはイタリア・ファシズムが、「健常者のように力のある者が障害者を助けるのは当然だ」と考えていたからです。**人間の能力は、生まれながらに差がある。しかし、障害者と健常者がいて、初めて社会が成立するとイタリア・ファシズムでは考えます。**これがナチズムとの決定的な違いなのです。

サンディカリスムの影響

こうした民族観の違いは、組織の違いとなって表れます。前章で見たように、ムッソリーニ政権では、労働組合を国家のなかに組み込みました。しかし、民族主義国家は〈伝統を尊重し、過去に復帰する傾向を持つ保守主義的なもの〉（『廿世紀思想⑧全体主義』一四九ページ、表現・表記を一部改めた）ですから、労働組合とは折り合いが悪い。こうした観点から、ファシズムと民族主義の違いについて考察していきましょう。

まず、イタリアの労働運動は、サンディカリスムという思想の影響を大きく受けています。サンディカリスムとは労働組合を基盤として、政治運動ではなく、労働者が直接行動やゼネストによって資本主義的な体制を打倒し、革命を達成しようという考えです。このような資本家や国家主導の経済運営ではなく、労働組合による経済闘争と直接行動を重視した労働運動を、サンディカリスムあるいは革命的サンディカリスムと言います。ちなみに「サンディカ」とは、組合を意味するフランス語です。サンディカリスムは体制の打倒を目指す革命思想ですから、復古的な民族主義とは相性がよくありません。それに対してファシスト国家は、組合組織を積極的に国家機構へと組み込みました。

ムッソリーニは、スイス放浪時代に社会党の活動に参加し、サンディカリスムの思想に共鳴しました。第一章でも述べましたが、この時期に彼は、革命的サンディカリスムの指導者であるソレルの『暴力論』を読んで、大衆動員のためには強い動機づけが必要であることを学んでいます。

ただし、ファシズムにおける組合は、国家を否定するサンディカリスムそのものではありません。〈ファシスト国家は、国家に従属する個人を、その機能に従って組織しようとする積極的組織を持っている。この主張は、サンディカリスムから伝わったものであるが、革命的サンディカリスムのように、国家の否定のための組合（サンディカ）ではなく、国家と協調する意味においての組合制度である〉（『廿世紀思想⑧全体主義』一四九～一五〇ページ、表現・表記を一部改めた）というように、あくまでも国家統合を強化する場合に限ります。いずれにせよ、組合制度に対する態度という点から見ても、復古的な民族主義とファシズムでは大きく異なるのです。

自由主義への評価

もう一点、ジェンティーレのファシズム論で重要な特徴を説明しておきましょう。それは、「自由主義を評価している」ことです。

なぜジェンティーレは自由主義を評価するのか。それは、「ファシズム国家は、国民の創造力を強く要求する」からです。ムッソリーニは〈人間の自由意志こそ、彼にその世界を創造なし得るものでもあるし、また創造しなければならないのである。ファシズムはその全精力を行動に与える能動的な人間を要求する〉（『廿世紀思想⑧全体主義』一二八ページ、表現・表記を一部改めた）と言います。ただし、それは国家のなかでの自由であり、自発的に国家に貢献する自由が重要だということです。

こうしたジェンティーレ的な自由観の影響を一番強く受けたのが、日本の大政翼賛会でした。大政翼賛会とは、一九四〇年一〇月に挙国一致の戦争指導体制づくりのために創立された組織です。第二次近衛文麿内閣の時代、日中戦争が行き詰まった状況において、政党間の争いで政治を混乱させるのはよろしくないという考えから、すべての既成政党を解散し、一国一党に再編されました。理想としては、ナチスのように強力な一党独裁体制を築くことでした。実際、この大政翼賛会の推薦を受けない議員が選挙に通ることは、不可能ではなかったが難しかった。

この翼賛という言葉は、現在でいうボランティアのことだと考えて差し支えありません。皇帝、君主を自発的に助けるのが翼賛ですから、翼賛に強制力は存在しない。官僚制や議会制度と違って、自発的に大日本帝国を助けたいと思う人たちが集まってくるというのが、大政翼賛会だったわけです。

先ほどのオーケストラを例にとれば、オーケストラには強制されて入るわけではありません。しかし一度入った以上は、制約を自発的に引き受けていかなければならないということです。

こうして見ると、イタリア・ファシズムには民族主義をはじめとするさまざまな思想が流れ込んでいることがよくわかります。事実、加田も次のように分析しています。

多くのファシストは、ファシズムを過去の一切の思想に対立する思想体系と考えているが、ジェンティーレは、これに対して、民族主義・自由主義・サンディカリスムの総合と解している。社会思想史的に見れば、この解釈は決して誤りではない。
（『廿世紀思想⑧全体主義』一五一ページ、表現・表記を一部改めた）

非常に明快な分析です。ファシズムは、「民族主義」「自由主義」「サンディカリスム」など、さまざまな要素から成り立っている。こうした組み合わせがあるからこそ、労働者の自発性を国家のために最大限に引き出すことができるというわけです。

もちろん、これはジェンティーレ流の理論ですが、私の見たかぎりでは、ジェンティーレ以上の精緻なファシズム論は他にありません。そして、**このジェンティーレの理論によると、格差や貧困を拡大させ、国民の分断を深めていく資本主義社会の閉塞状況を打ち破る力を、ファシズムは持っているのです。**

出自や能力ではなく、本人のやる気を評価する。そして、そこに参加する国民は「生きる意味」を実感できる。ファシズムは、これほどの魅力を持つ思想なのです。ファシズムに対する防波堤を築くためには、まず「ファシズムという思想は、参加する国民の目にたいへん魅力的に映る」ということを理解しなくてはなりません。

民主主義が内包するファシズムの種

先述したように、ファシズムは、全体の立場に反する個を原理的に認めません。したがって、「国家」という枠組みを取り除けば、ファシズムと自由主義原理は基本的に相容れない概念なのです。

では、これに対してファシズムと民主主義原理との相性はどうでしょうか。民主主義における最大の理論的問題は、どの程度の規模で民意をはかるかという点にあります。議会制民主主義の大前提には、個々人が自らの権利を議員に委任できるという擬制（フィクション）があります。擬制とは実質の異なるものを、法的な取り扱いにおいては同一のものとみなし、同じような効果を与えることです。たとえば電気は形として存在していませんが、窃盗罪においては物とみなされているので、他人が管理する電気を勝手に使うと罰せられます。このように、事実に反することを事実であるかのように扱うことを擬制と言います。

現在、日本では衆議院選挙で一億人の有権者が四六五名の議員に、自らの権利を委任しています。この委任の相手が四〇〇名に減少しても本質的に問題はないでしょう。しかし、この理路を詰めていくと、委任相手を三〇〇名、二〇〇名、一〇〇名と減らしていってても民主主義原理は担保されることになります。そうなると、最終的には全国民が一人の指導者に委任することも認められる。ここで選ばれた一人は国民全体の利害を体現する、唯一者ということになるわけです。

民主主義という観点からは、民意がどう反映されているかが問題であって、形態は関係ありません。それが議会制であるか大統領制であるか、あるいはファシズムであるかは、本質にかかわりがない。つまり、**民主主義原理はそのなかにファシズムへとつながる潜在的可能性を常に孕んでいるのです。**

しかし、民主的に実現したファシズムは、本当に全体を代表していると言えるでしょうか。現実の社会では、男性と女性の間でも利害関係が異なります。もちろん、高齢者と若年層、農家・漁師とサラリーマン、都市住民と地方住民など、さまざまな層に異なる利害関係者が存在するわけです。そうした状況で、全体の代表という概念は、ほとんど意味を持ちません。結局、全体の代表は無代表にしかなりえない。

マルクスはそのことを見抜いていました。一九世紀半ばの水準で最も民主的な議会制度を持っていたフランスで、いかにして選挙を通じてナポレオン三世による帝政が成立したかを分析した『ルイ・ボナパルトのブリュメール18日』（平凡社ライブラリー）に、次のような一節があります。

たとえば一袋分のジャガイモが一つのジャガイモ袋をなすのと同じように、同じ単位の量の単純な足し算によって、フランス国民の大多数が出来上がる。数百万の家族が、彼らの生活様式、利害、教養を他の階級の生活様式等々から分離し、それらに敵対的に対置させる経済的生存諸条件の下で生活しているかぎりでは、彼らは一つの階級をなす。分割地農民の間には局地的な関連しか存在せず、彼らの利害の同一性が、彼らの間に連帯も、国民的結合も、政治的組織も生み出さないかぎりでは、彼らは階級を形成しない。だから彼らは、自分たちの階級利害を、議会を通してであれ、国民公会を通してであれ、自分自身の名前で主張することができない。彼らは自らを代表することができず、代表されなければならない。彼らの代表者は、同時に彼らの主人として、彼らを支配する権威として現れなければならず、彼らを他の諸階級から保護し、彼らに上から雨と日の光を送り届ける、無制限の統治権力として現れなければならない。

（『ルイ・ボナパルトのブリュメール18日』一七七〜一七八ページ）

現在の日本国民の大多数は、ここでいう分割地農民に似た状況に置かれています。つまり、自分たちの利害を議会で反映してくれる候補者や政党が存在しないのです。利害の同一性はあるはずなのに、自分たちの要求を通してくれるような政治的な組織をつくり出せていない。だから、自分を苦しめる法案を通すことがわかっている政党でも支持せざるをえない。そして権力によって上から決められたことに粛々と従う。

国民の多くがそのような状況にまで追い詰められた時、私たちは外部に「敵」をつくり出すことで、自分の不安定な生活や境遇を覆い隠そうとします。ここに排外主義が忍び込んでくる。国内が束ねられていくなかで、そこから外れていく人たちを非国民として排除していく運動になるわけです。

しかもファシズムは、究極的な目的やヴィジョンを設定しません。だからいかようにも、都合よく舵（かじ）取（と）りをすることができてしまう。たとえ失敗しても、目標が明確でないから責任を負わなくてもいい。「全体」の代表という無代表、「生成」という無責任な点にファシズムの負の特徴があると言っていいでしょう。

第四章　ファシズムを用意した「生の哲学」

新明正道のファシズム論

前章では、イタリアの哲学者ジェンティーレのファシズム論のエッセンスを紹介しながら、ファシズムの持つ魅力と危険性について考察してきました。それに続く本章では、日本のファシズム論の最高峰である新明正道の『ファッシズムの社会観』を読み解きながら、イタリア・ファシズムの理論体系を捉えていきたいと思います。

第四章の内容は、これまでの解説と部分的に重複するところが出てきますが、同じ内容の話を違った視点から眺めて知識を積み上げていくことは、学びにとって非常に重要です。これまでに身につけた知識と関連する話が出た際に、一度振り返ってみることで、学んだ内容が「重ね塗り」されます。ファシズムの内在的論理は非常に複雑なので、「器に何度も漆を重ねて塗る」ように知識を上積みしていかなくては、理解を正しく深めることはできないのです。

では、まず「新明正道とは、どのような人物だったのか」について解説していきましょう。東京帝国大学で政治学を専攻した新明は、その後、政治学から社会学に転じ、「新明社会学」と呼ばれる総合社会学体系をつくり上げました。総合社会学とは、限定された特定の対象について論じるのではなく、社会全体の構造と変動を総合的に把握・認識することを目指した社会学のことです。代表的な思想家にフランスの社会学者オーギュスト・コント（一七九八〜一八五七年）やイギリスの哲学者ハーバート・スペンサー（一八二〇〜一九〇三年）がいて、新明はコントに関する著作があるほか、社会学の大成者であり社会システム論を展開したタルコット・パーソンズ（一九〇二〜七九年）の著書も翻訳しています。

一九二六年に東北帝国大学の助教授に就任した新明は、そのまま教授になって長く東北帝大で教鞭（きょうべん）を執りました。しかし、近衛文麿政権の時代から、東亜協同体構想に関与したほか、汪兆銘（おうちょうめい）政府のイデオロギー形成に協力したこともあり、戦後は公職追放されています。汪兆銘（一八八三〜一九四四年）は、一九四〇年に南京国民政府を樹立した人物です。汪兆銘は、もともと中国国民党指導者の一人でしたが、日中戦争が始まると和平救国を唱えて、日本との提携を主張しました。ただ、一九四〇年に樹立した南京国民政府が完全な日本の傀儡（かいらい）政権だったこともあり、中国民衆からの支持はまったく得られないまま、一九四四年に日本で病死しています。

ちなみに、新明の後に東北大学で社会学を教えたのは清水幾太郎（しみずいくたろう）（一九〇七〜八八年）です。戦前に読売新聞社の論説委員を務めた清水は、戦後になるとロングセラー『論文の書き方』（岩波新書）を執筆しています。六〇年安保闘争の指導者として活躍しましたが、のちに思想的立場を「右旋回」させたことでも話題となりました。ある年齢層以上の方たちにとっては、その名前を知らない人がいないほど有名な社会学者です。

新明は公職追放を解除されたのちに、再び東北大学に復職します。以降は、日本社会学会会長を務めるなど、長らく日本の社会学を牽引（けんいん）していきました。

その新明が書いた『ファッシズムの社会観』は、「イタリーのファッシズム運動」「イタリーのファッシズムの社会的国家的観念」「イタリーのファッシズムと関連する社会学的諸体系」の三部から構成されています。イタリア・ファシズムを研究した新明ですが、彼はファシズム礼賛論者ではありません。むしろ、当時にあって珍しいのですが、批判的にファシズムを考察した人物でした。

ファシズムの合理主義批判

同書で新明は、ファシズムの世界観を把握したのちに、ファシズムの社会観や国家観を捉えようとしています。では、新明が考えるファシズムの世界観とはどのようなものだったのか。彼は、ファシズムの世界観は〈十九世紀の合理主義、個人主義及び物質主義に対する哲学的科学的な反対として出現〉（『ファッシズムの社会観』四三ページ、表現・表記を一部改めた）したと言います。ここは丁寧に理解しておく必要があります。合理主義、個人主義、物質主義に対する反対とはどういうことか。新明の説明を見てみましょう。

合理主義の世界観に対する反対は、すでにフランス革命の直後、フランスの反革命の理論家やドイツの浪漫主義者によって口火を切られた。それは機械的な国家による人民の原子化や遊離化や群集支配による平等主義に対する熱情的な反抗であった。しかし、この反対は、新たに理性の力を感じ、これによって世界の合理主義的な解釈に着手した新興のブルジョワの理論を打ち破ることは到底不可能であって、ひとまずそれは時代錯誤的な運動として消滅しておわった。しかし、その後、資本主義の発展の結果として、合理主義が極度に達し、人間を死せる事物の関連に置き、その存在の意義を空虚かつ形式的なものに堕せしめるに至るとともに、再びこれに対する不合理主義の批判が台頭して来るようになった。理性の高く課した法則は、今やかえってその内容の虚無であることを指摘される。

（『ファッシズムの社会観』四八〜四九ページ、表現・表記を一部改めた）

フランス革命は、啓蒙思想から生まれました。「理性を用いて知識を増やし、科学技術を発展させれば、理想的な世の中が実現する」と考えるのが啓蒙思想です。一七世紀後半のヨーロッパでは、近代科学の確立とともに、合理性を重んじる思考や思想が、他の学問分野にも浸透していきました。啓蒙主義者たちは、理性に絶対的な信頼を置き、教会や絶対主義国家を支える権威や思想・制度・習慣を批判し、新たな社会秩序を構想していった。それが一七八九年のフランス革命に結実していくわけです。

以来、政治的には民主主義と自由主義が、経済的には自由経済を基盤とする資本主義が発展し、より豊かな社会へと進歩していくと信じられていました。

しかし現実はどうか。たとえば資本主義の世界では、人間の労働力はモノと同様に売買の対象になります。そうなると、人間はもうモノと変わらず、生きている意味や存在意義が感じられなくなってしまう。

これは現代の資本主義にもそのまま当てはまります。競争社会に身を置くビジネスパーソンは、ノルマを達成するために、健康を犠牲にしてまでサービス残業を行い、ストレスを溜め込んでいきます。挙句の果てに、うつ病を発症し出社できなくなる。過労で倒れて、命まで失うケースだってある。労働者を使い捨てるブラック企業が横行し、低賃金と長時間労働のために、生きるだけで精一杯の環境に置かれています。これがまともな人間の生活か。こういう状況から、ファシズムの特徴である「合理主義批判」が頭をもたげてくるというのです。

未来派運動と宮崎アニメ

このように、新明は「ファシズムの世界観は、合理主義的な世界観に反発する」と言います。その「ファシズムの世界観」の核となるものが、「生の感情」です。

この「生の感情」とは、合理的なモノサシでは測ることのできない、生きることの実感と考えていいでしょう。そして、新明はそこにイタリアの詩人フィリッポ・トンマーゾ・マリネッティ（一八七六〜一九四四年）の「未来派運動」が大きく関わっていたことを指摘しています。

エジプトのアレクサンドリアに生まれたマリネッティは、一九〇九年にパリの新聞『フィガロ』に「未来派宣言」というものを発表します。そのいくつかを列挙してみましょう。

・われわれは危険を愛し、エネルギッシュで勇敢であることを歌う。

・われわれの詩の原理は、勇気、大胆、反逆をモットーとする。
・われわれは、世界の栄光は、一つの新しい美、すなわち速度の美によって豊かにされたと宣言する。
・争い以上に美しいものはない。攻撃なしには傑作は生れない。詩と歌は未知の力を人間に屈服させるための、激しい突撃でなければならぬ。

（エーリッヒ・フロム著、鈴木重吉訳『悪について』紀伊國屋書店、七〇ページ、一部抜粋）

二〇世紀初頭のイタリアを中心として起こった芸術革新運動である未来派は、伝統の破壊、新文化の創造、「速度」に象徴される機械文明への称賛、暴力や闘争の賛美などを提唱し、この時代の芸術全般に大きな影響を与えました。

この未来派が、ファシズムにどう関わっているのでしょうか。彼らは、第一次世界大戦時に、イタリアの参戦支持をいち早く表明し、ムッソリーニが一九一九年に結成した「戦闘ファショ」にも参加しています。

第一章で見たように、ムッソリーニは戦争体験が国民意識の覚醒に寄与すると考え、第一次世界大戦参戦論を唱えるようになりました。闘争する精神の肯定、旧来的価値観の打

「未来派宣言」で革命的サンディカリスムを主張したマリネッティ（中央）。

破、機械文明の賛美という点で、未来派とムッソリーニの考えは共通しています。マリネッティをはじめとした未来派はムッソリーニに共感し、ファシズムへ同調していきました。このように未来派の精神の少なからぬ部分が、ファシズムへと流れ込んだのでした。

日本でこうした未来派の「生の感情」と近い感性を持つ人物に、映画監督の宮崎駿がいます。彼の作品だと、たとえば『風立ちぬ』が象徴的です。有名な話ですが、あの映画に登場する九六式戦闘機や零戦などのプロペラ音をはじめ、蒸気機関車の蒸気、車のエンジン音などの効果音は、すべて人間の声でつくられています。このような「機械を生命的に見る感覚」は、未来派の「生の感情」にたいへん近いものです。

さらに言えば、「美しい飛行機をつくる」という美学も、未来派の反合理的な感覚と似ています。ソ連やアメリカの飛行機が不格好だったのは、エンジンが強力だったからです。日本の飛行機をスマートで軽くつくらざるをえなかったのは、エンジン技術が劣っていたからですが、それを美学の問題として捉える点で、反啓蒙主義的・反合理主義的なロマン主義に接近する。その意味では、『もののけ姫』も『となりのトトロ』も、根底には合理主義的なものに対する反発が存在すると言えるでしょう。

ニーチェとディルタイ

話を戻しましょう。新明は、未来派やファシズムの世界観の基調をなす「生の感情」の先達として、フリードリヒ・ニーチェ（一八四四〜一九〇〇年）の哲学を挙げています。第一章では触れませんでしたが、ムッソリーニはニーチェから多大な影響を受けていました。新明は、ニーチェの思想を次のように説明しています。

彼は浪漫主義と結びついて、生の動的な力のなかに究極的なものを発見し、これに基づいてすべての価値の転覆を試みた。彼の哲学は、究極において『力への意志』を基礎とする。彼は、生をもってその体系の関心の中心となし、生の不断の活動のなかから価値が固定的に形成されるものと考え、その直接的な活動に創造的な意義を認めている。（中略）彼にとって価値をなすものは、機械的ではない具体的な人間そのものに他ならぬ。そして、この創造的かつ独自な個人は、その直接的な関係において、自ら強者を首班とした階統的な文化複合体を形成するものと考えられる。

（『ファッシズムの社会観』四九～五〇ページ、表現・表記を一部改めた）

ニーチェは啓蒙主義や合理主義に反発し、動的な生成、創造的な生き方に価値を認めました。新明は触れていませんが、ニーチェと同様に「生の哲学」の代表的哲学者と言われているのが、ドイツの哲学者ヴィルヘルム・ディルタイ（一八三三～一九一一年）です。ディルタイは、歴史を複雑な相互連関の総体として捉えます。たとえば、私が講座で受講生を前に何かを教えているとしましょう。その瞬間にも歴史はつくられている。ということは、そのなかの誰か一人を見逃してしまうだけで、ここで生成している歴史を正しく理解することはできなくなる。これをもっと広げれば、あらゆる人と人が政治的、経済的、社会的、文化的、宗教的にいろいろな関係を持つ。そして、その全体の関係のなかから出てくるのが歴史だというわけです。

その意味において、ディルタイはアトム（原子）的な歴史観ではなく、関係性を重視し、歴史の複雑系をどう抽出するか、そこからどのような物語をつくっていくかが問題になると考えました。すると重要なのは、客観性よりも解釈ということになります。

ファシズムの世界観で重要になるのが、このニーチェのニヒリズムとディルタイの「生の哲学」です。「生の哲学」は、一九世紀後半から二〇世紀初頭にかけてたいへん話題となりました。そのような思想が流行したことは、ファシズムの背景を理解するうえで非常に重要となります。

ニーチェのエリート主義

第一章、第二章で参照したヴルピッタ著『ムッソリーニ』によれば、ムッソリーニは、「ニーチェの行動主義を通じた、新たな人間像の創出」という発想を重視したと言います。

また、ムッソリーニ自身も、ニーチェとの出会いは決定的だったことを認め、一九二四年に『ニューヨーク・タイムズ』のインタビューで、ニーチェの哲学により〈社会主義から自分の熱が冷め、《被統治者の同意》について喋る政治家の偽善的術語や、国会と普通投票の本質的な価値について目から鱗が落ちた。《危険に生きよ》という言葉から、特に深い感銘を受けた〉（『ムッソリーニ』九四ページ）と述べています。

第一章で、ムッソリーニが経済学者パレートからエリート主義の思想を学んだことを説明しました。**ムッソリーニにとってニーチェ哲学との出会いは、「ファシズムのエリート主義」をさらに決定づける出来事だったわけです。**

ここでファシズムのエリート主義をもう少し補足しておきましょう。ファシズムは、合理的な平等主義を嫌い、非合理性や個性的であることを重視します。だから普通選挙、平等選挙には反対する。人間の能力はそれぞれ違うのだから、「一人一票はおかしい」と。「人間の能力や適性は異なるのだから、それを同じ一票に還元することは、逆に不平等だ」と、ファシズムは考えます。たとえて言えば、体の大きい人と小さい人に、同じだけの給食を配給するのはおかしいという理屈と同じです。体の小さい人は食べきれないし、大きい人にはもの足りない。**だから、ファシズムは「本来の人間の姿に戻れ」と強調する。**人間は群れをつくる動物であり、群れをつくる動物の集団にはエリートが存在する。そしてエリートには、社会のなかでそれなりの地位が与えられる。したがってファシズムは、官僚主義との相性も非常にいいのです。

ただし、エリートには高い道徳性や倫理観も要求されます。エリートは進んで戦争に参加しなければならないし、経済的にも成功しているので、貧しい人たちへ自発的に、手に入れた富を差し出さなければいけない。そして指導者を選ぶ方法は、「拍手」と「喝采」です。つまり、多数決ではない形での賛同や共感、尊敬で選ぶ。ヤクザの親分や町内会長、あるいは全共闘議長の選出に近いと言えるでしょう。

ファシズムの「生の感情」は、こうしたエリート主義と深く結びついています。しかし、そのエリート主義が形骸化すれば、徳のない人物や指導者が国家を牛耳る可能性がある。ファシズムの世界観は、このような危険性を常に孕んでいるのです。

社会主義も合理主義にすぎない

さらにもう一点、ファシズムの反合理主義から導かれるものを指摘しておきましょう。それは、反社会主義です。**なぜか――それは「生の感情」「生の哲学」からすると、理性によって理想社会を実現できると考える社会主義もまた、合理主義の一形態でしかないからです。**

資本主義のような経済的自由主義も、社会主義もどちらも本質は合理主義であり、個々の人間に生きる意味や存在意義を備給することはできない。したがってファシズムだけが、人間にとって決定的に重要な「生きている感覚」を与えることができるというわけです。

ムッソリーニは、こうした世界観の体現者です。新明は次のように述べます。

> 自由主義や社会主義は『経済的な幸福』の理論である。これは人類の福祉の観念を狭隘化し、それを動物的な水準にまで低下せしめようとする。ムッソリーニはこれをもって人間の精神性を否定するものと刻印しようとした。ムッソリーニは更に進んでその生の見解をもって必然的に社会的なものと結合するものと見なしている。人間が物質的に瞬間的な快楽に没頭したならば、それは自己を世界から分離せしめ、あらゆる価値との関連を失うようになる。その帰趨するところは個人主義にある。これに反して、ファシズムは、かくの如き生の観念がより高い生の観念によって代替さるべきものであると主張する。道徳的な生を営むためには、人間は、快楽主義を捨てなければならない。
>
> （『ファッシズムの社会観』五五ページ、表現・表記を一部改めた）

ファシズムに対する先入観を取り除けば、現代日本人の相当な割合の人たちが、このムッソリーニの見解に賛同の意を示すはずです。経済的な豊かさ、物質的な豊かさよりも、精神的な豊かさが重要だ。今の時代、こういった主張を目にすることは珍しくありません。

現在、社会主義はすでに力を失っており、資本主義一択の状況が続いています。代替する社会体制やイデオロギーのない現代において、人間的な幸福を保障するようなシステムを想像できる人など、おそらくいないでしょう。しかしムッソリーニは、かつてファシズムという形で、それを提示した。ここに彼の天才性が表れているのです。

「生の感情」と国家・国民の結合

では、ファシズムはどのようなシステムで、快楽主義や物質主義とは異なる道徳的な幸福を実現できるというのでしょうか。新明の説明を見てみましょう。

しかし、これは、彼が自然法則の支配する領域を脱して道徳的法則の支配するそれに高昇することによって初めて成就されるものである。そして、後者はすなわち国家や国民に他ならぬ。かくの如き共同体の内部においてのみ、精神はその安居をもつものであって、これに参与することによって初めて個人は狭隘な自我を超越して、精神的な立場に立脚することが可能となるのである。生は『精神的』であり、同時に『国家』的又は『国民』的でなくてはならない。国家又は国民の全体的な価値を認識し、これを結合しようとするところにファシズムの生の最高観念が成立することに成る。ファシズムはかくの如き基礎付けを与えることによってその生の観念に秩序的な輪郭を与えようとしたものであって、これこそファシズムの社会観の基礎を成す基本的な生の観念である。勿論、それは、生の行動を重視することを止めはしない。ファシズムは依然として理論に対して行動の先行することを認めている。

（『ファッシズムの社会観』五五ページ、表現・表記を一部改めた）

人間が精神的な幸福を実現するには、道徳的法則が支配する領域へと自分自身を高めていかなければならない。では、その領域とはどこか。それは「人類全体ではなく、国家と国民だ」というのがファシズムの論理です。したがって、**ここまで見てきたような「生の感情」や「生の哲学」は、国家や国民と結びつくことで、最高の価値を実現できることになります。**

前章で見たように、ここでいう国民とは、出自によるものではありません。ユダヤ系であろうが、ラテン系であろうが、ゲルマン系であろうが、国家（イタリア）のために尽くす人間が国民（イタリア人）です。逆に、両親共にイタリア人であっても、イタリア国家の枠を越えて、反戦平和運動をやるような人間は非国民として共同体から排除されます。

これは村落や町内会のお祭りをイメージしてみるといいかもしれません。外国人であっても、積極的にお神輿（みこし）をかつぐ人は共同体のメンバーに数えられますが、シラけて無視するような人間は排除される。こうした排除の論理なくして、ファシズムは成り立ちません。

国民国家という体制では、程度の差こそあれ必ずメンバーシップの問題は存在します。**極論すれば、福祉も排除の論理にもとづいています。**年金保険料を支払った者だけが年金を受け取れるというのは、そうでない者を排除することと同じです。国民皆保険も同様で、生活保護を受けている人を除けば、保険料を払わなければほとんどの場合、保険証を手に入れることはできません。だから、国民に対する福祉が手厚い福祉国家は、ソフト・ファシズムに近づいていくわけです。

行動が理論をつくっていく

「生の哲学」と国家・国民の結合——これが新明の抽出したファシズムの中心的な世界観

です。しかしファシズムが、行動主義という特徴を持つことは、前章でも確認しました。理論が先にありきではなく、直接行動を重視する。実際、新明もムッソリーニの次の言葉を引いて、ファシズム運動は理論よりも信念や行動が先行していたと説明しています。

『ローマ進軍以前の数年の間、行動は理論的研究又は完全な学者的な推敲を許さなかった。都市や地方で戦闘が行われた。人々は互いに協議した。――そして、もっと重要でありかつ神聖であることは――人々がそのために死んだことである！　然り、人々は勇敢に死に就くことを辞さなかった。組織的に章節に区分せられ丹念な夜仕事の呼吸を吹き込まれた立派に組み立てられた理論は、無くても差し支えなかった。その代わりには、もっと決定的なもの、信念が存していた』。

（『ファッシズムの社会観』五七ページ、表現・表記を一部改めた）

第二章で見たように、一九二二年にローマへ進軍したのち、ムッソリーニは首相に就任し、一九二五年の議会で独裁宣言の演説を行いました。ムッソリーニはその間に、さまざまな状況のなかでファシズムの理論を形成していきます。

イタリア・ファシズムの理論は、人生のなかで起きるさまざまな問題にその都度対処していくのと同じように、国家の発展プロセスのなかでつくられていきました。たとえば今、大雨が降ってきたとしましょう。そうなるとトタンを張って屋根にして、水が入らないようにしなければならない。次に風が吹いてきた。すると今度は風が入らないように、板を横に張っていく。寒くなったら壁に断熱材を貼り付けて、家のなかでストーブを焚く。つまり、ファシズムは最初から、「この理論にもとづいて運動を展開しよう」といった目的論的な構成をとらないのです。

そうしてできあがったファシズムの社会観が、「国家学」として現れると新明は指摘しています。**ファシズムでは、「国家」の概念が「社会」の概念よりも上位にある。社会学者である新明は、ファシズムの「社会観」の根底には、国家至上主義があることを見抜いていたのです。**

国家は国民に秩序を与えるために、絶大な権力を持つ必要がある。その権力によって、国民の統合を達成することができるし、国家のなかで生じている格差や分断を克服することも可能となる。こうした強い権力があってはじめて、「国民は倫理的な人格性を与えられる」というわけです。ムッソリーニの言葉を引くならば、〈国家は人格的生活の狭隘な限界を超越し、国民の本来的な意識を表現する〉（『ファッシズムの社会観』六〇ページ、表現・表記を一部改めた）のです。

ファシズムにおいて、国民というのは、今、この土地に住んでいる人間のことだけを指すのではありません。たとえば、親がいなければ生まれてくることはできないという点で、国民一人ひとりは過去に対して民族共同体を引き継ぐ責任がある。また民族共同体を継承していくためには、子孫をつくらないといけないという点で、未来に対する責任もある。つまり、国民は過去の歴史だけでなく、未来の歴史にも包摂される。だからこそ国家には、国民をよき生き方に導いていく役割が与えられているのです。

ファシズムの潜在力

こうしたファシズムの国家主義的な世界観を踏まえると、ファシズムの潜在的な力は決して消滅していないことがわかるかと思います。そして私の見たところ、現在、ファシズムの危機が異常に高まってきている。イアン・カーショーの『地獄の淵から――ヨーロッパ史1914-1949』（白水社）を読むと、近代ヨーロッパの基本病理は「民族」で、統治する地域で自民族が支配的地位を占めようというエスノクラシー（民族集団による支配体制）が、二度の世界大戦を引き起こしたことがよくわかります。

現在のヨーロッパ、そしてアメリカでもエスノクラシーが頭をもたげはじめています。トランプの白人至上主義的な傾向、イギリスのEUからの離脱選択、フランス・ドイツ・オーストリアをはじめとした欧州諸国での極右勢力の台頭がその具体例です。

こうした状況を見ると、現在世界で起こっている混乱のほうが常態であり、第二次世界大戦後の七〇年間近く続いた安定した時代のほうが、例外的なのかもしれません。そうした不安定な状況を克服しようとする時、そこにファシズムが入り込んでくる可能性は十分に考えられます。

日本も他人事ではありません。**三・一一以降に「絆（きずな）」という言葉が氾濫したことは、ファシズムへの傾斜が強まっていることを示しています。**第二次世界大戦後の日本は、アメリカの影響を強く受けながら、合理主義、個人主義、生命至上主義といった啓蒙主義的な価値観を基礎にして、国家や社会を運営してきました。

ところが、三・一一のような有事においては、啓蒙主義的な価値観では危機を克服することができない。すると、国家・国民を束ねるファシズム的な思想が求められるようになってくるのです。

第五章　テクノロジーとしてのファシズム

マラパルテの『クーデターの技術』

イギリスの歴史家エリック・ホブズボーム（一九一七～二〇一二年）は、一九一四年の第一次世界大戦勃発から第二次世界大戦が終わる一九四五年までを「破局の時代」と呼んでいます。なぜか。それは、この時代に自由－民主主義が瀕死（ひんし）の状態に陥り、ファシズムの嵐が吹き荒れたからです。

一九世紀の自由－資本主義のもっとも注目すべき成果である単一の普遍的な世界経済の創造が、逆転させられたかのように見えた。戦争と革命を逃れたアメリカでさえもが、崩壊は間近いように見えた。経済はよろめき、他方でファシズムとその衛星的な権威主義的運動と体制が登場し、自由－民主主義のさまざまな制度は一九一七年から一九四二年にかけて、ヨーロッパの周辺、北アメリカとオーストラレーシア〔オーストラリア、ニュージーランドと、その近海の諸島〕の各部分を別とすれば事実上全世界から消滅したのである。

（エリック・ホブズボーム著、河合秀和訳『20世紀の歴史（上）』三省堂、一二ページ）

第一次世界大戦末期の一九一七年一一月、共産主義国のソヴィエト・ロシアが成立しました。またヨーロッパでは、イタリアのムッソリーニ政権、ヒトラーのナチス政権、スペインのプリモ・デ・リヴェラ政権、ポーランドのピウスツキ政権など、ファシスト政権が次々に誕生していきます。ここで重要なことは、ソヴィエト・ロシアも、ファシスト政権も、その成立には「クーデター」が決定的な役割を果たしているということです。

第一章から第四章まで、イタリア・ファシズムの歴史と思想について説明してきました。ここまで読み進められた人たちでしたら、ファシズムの本質をある程度はつかめたことでしょう。しかし、ファシズムを立体的に理解するためには、もう一つのピースが必要となります。それは、「いかにして権力を奪うか」ということです。

ファシスト政権を成立させるには、権力を握らなくてはなりません。その権力奪取の技術的な側面を理解するための有効な本として、クルツィオ・マラパルテ著『クーデターの技術』（手塚和彰・鈴木純訳、中公選書）が挙げられます。

マラパルテは、一八九八年生まれのイタリア人で、ローマ進軍にも参加するなど、当初はファシスト党の党員として活動していました。しかし、やがてムッソリーニやヒトラーに対して批判的な立場を取り、その後リパリ島への流刑・追放処分を受けています。

その処分の大きなきっかけとなったのが、一九三一年にパリで出版された『クーデターの技術』でした。この本は「反ファシズム」「反共産主義」の書として、イタリア、ドイツ、ソヴィエト・ロシアで発禁処分となりました。一九四八年版の印象的な序文を読んでみましょう。

私はこの本を憎む。心の底からこの本を憎む。この本は名声、世間が名声と呼ぶくだらぬものを私に与えたが、同時にまた、この本こそ私のあらゆる不幸の原因だったのである。この本のために、私は何ケ月もの牢獄生活、何年ものリパリ島流刑、野卑で残忍な警察の迫害を知った。この本のために、私は友人の裏切りを知り、敵の害意を知り、人間のエゴイズムと悪意を知った。

（『クーデターの技術』三八ページ）

マラパルテによれば、「『クーデターの技術』は、万遍なく善用も悪用もされた本だ」といいます。すなわち、「国家権力を防衛するためのマニュアル」としても、「国家権力を奪取するためのマニュアル」としても、読むことが可能だということです。この章では同書をもとに、「テクノロジーとしてのファシズム」について検討していきましょう。

ロシア十月革命はなぜ起きたのか

『クーデターの技術』は、ロシア十月革命の考察から始まります。第一次世界大戦末期の一九一七年、まず二月革命により、三〇〇年続いたロマノフ王朝によるロシア帝国が崩壊しました。この二月革命により、皇帝ニコライ二世が退位し、アレクサンドル・ケレンスキー（一八八一～一九七〇年）を首班とする臨時政府が成立したのです。

その後、ブルジョワジーを支持基盤とする臨時政府と、労働者や農民、下級兵士による自治組織「ソヴィエト」が、各都市を支配下に置くという「二重権力」の状態になりました。そこに、「ボリシェヴィキ（ロシア社会民主労働党の一派）」の指導者ウラジーミル・レーニン（一八七〇～一九二四年）が亡命先から帰国し、ソヴィエト内で勢力を拡大していきます。そして同年一〇月（露暦。西暦では一一月）、レーニン率いるボリシェヴィキは武装蜂起により臨時政府を打倒し、社会主義政権を樹立しました。これが一九一七年の「十月革命」です。

ここで、ロシア革命が起こった原因について、簡単に説明しておきましょう。

エンゲルス的あるいはスターリン的なマルクス主義では、「原始共産制」「奴隷制」「封建制」「資本主義」という制度の変化を、技術革新による生産力の向上という観点から説明します。ある制度のもとで生産力が向上すると、生産関係（生産手段の有無による支配－被支配の関係）が維持できなくなる。つまり、資本主義が高度に発達すると、資本主義的な生産関係では対応できなくなるので、共産主義革命が起きると考えるわけです。

これは、子どもの成長をイメージしていただくといいかもしれません。子どもが大きくなってくると、やがて今までの服は着られなくなっていきます。しばらくは弥縫策（びほうさく）として、折りしろがあればそこを出すという形で対応するけれども、それにも限界がある。いずれ着ることができなくなるので、そうしたら服を新調しなければなりません。その新しい服に着替えることにあたるのが、マルクス主義の考える革命というわけです。

しかし、後発資本主義国であるロシアでいち早く革命が起きた理由を、この理論はうまく説明することができません。そのため、「この革命は早すぎた革命であり、成功しない」というのが、マルクス主義者たちの主流の考えでした。

ロシアにマルクス主義を導入した「ロシア・マルクス主義の父」と呼ばれる社会主義者のゲオルギー・プレハーノフ（一八五六～一九一八年）、ポーランドのマルクス主義者で有名な革命家のローザ・ルクセンブルク（一八七一～一九一九年）、ドイツ社民党の指導者カール・カウツキー（一八五四～一九三八年）などがその典型です。

それに対してレーニン、ニコライ・ブハーリン（一八八八～一九三八年）、ヨシフ・スターリン（一八七九～一九五三年）は細かく見れば違いはあるものの、ロシアでの革命はいずれ世界革命へ発展していくと考えました。一九一九年にボリシェヴィキの主導によって創設されたコミンテルン（別名・第三インターナショナル）は、「一九二〇年には、世界的規模の大国際ソヴィエト共和国が誕生するだろう」とまで宣言しています。ところがマラパルテは、十月革命に対してまったく異なる分析を示しました。**彼は十月革命を、「クーデター」として考察したのです。**ここでカギを握るのは、レフ・トロツキー（一八七九～一九四〇年）です。

トロツキーの「反乱の技術」

では、マラパルテの言う「クーデター」とは、どのようなものか。**それは「すべての民衆が蜂起するのではなく、専門家をピンポイントに配置し、ネットワークをつくることで、簡単に権力を奪う」ことです。**

マラパルテは、ロシアの十月革命を考察し、次のように記しました。

現代のヨーロッパにおいて、各国政府が共産主義の脅威に対し防衛態勢を構築しなければならないとすれば、それは、レーニンの戦略に対するものではなく、トロツキーの戦術に対するものでなければならない。レーニンの戦略は、一九一七年の時点でロシアが置かれていた諸状況を離れては理解することができない。これに対し、トロツキーの戦術は国内の諸状況に一切左右されない。トロツキーの戦術を実際に適用するに際しては、レーニンの戦略にとって不可欠な諸状況の有無は、まったく影響を及ぼさない。トロツキーの戦術には、そのような特質があるため、ヨーロッパのいかなる国においても、コミュニストによるクーデターが常に危険視されなければならないのである。

（『クーデターの技術』六七ページ）

レーニンは、「革命にはすべての民衆が蜂起に加わる必要がある」としました。それに対して、トロツキーは次のように言います。

「なる程。だが、反乱を起こすためには『すべての民衆』は多すぎる。冷静、果敢な蜂起戦術にたけた小部隊があればそれで十分なのだ」。（『クーデターの技術』七五ページ）

1917年の十月革命の主要指導者の1人、トロツキー。

マラパルテは、このトロツキーの戦術を評価し、権力奪取というものを徹底的に技法の水準で捉えました。極論すれば、政治的状況や経済的状況とは関係なく、トロツキー的な技術を用いれば、クーデターは成功するということです。

そのトロツキーが唱える反乱の技術とは何か。マラパルテは次のように記しています。

トロツキーはこう語っている。「現代において、国家権力を奪取するためには、専門家を含む秘密攻撃部隊を組織しなければならない。この部隊は、権力機構に精通した蜂起専門家とも言うべき人間の

指揮のもとで、武装した分隊より構成される」。（『クーデターの技術』九五ページ）

そして何よりも重要なのは、この秘密攻撃部隊が攻撃する対象です。クーデターの前日、トロツキーは次のように語っています。

「赤衛軍は、ケレンスキー政府の存在を考慮に入れてはならない。（中略）戦術的な観点からみれば、共和国評議会、各省庁、ロシア国会は、武装蜂起の対象としては、まったく意味がない。国家権力の中枢は、政治・官僚機構、つまりトーリッド宮殿、マリア宮殿、冬宮にあるわけではなく、国家の神経組織、すなわち発電所、鉄道、電信・電話、港湾、ガスタンク、水道にある」。（『クーデターの技術』九六～九七ページ）

つまり、都市のインフラや通信ネットワークを暴力的に押さえてしまえば、国家権力は奪取できるということです。事実、トロツキーは十月革命において軍事蜂起を指揮し、郵便局や銀行、発電所、印刷所を次々に占領して、革命を成功に導きました。

現代であれば、インフラもすべて通信ネットワークに組み込まれているのですから、それさえ握ってしまえば、体制を転覆させることが可能ということになります。さらに現代では、物理的な暴力も必要ないかもしれません。**ネットワーク技術に長けた有能な技術者やインフラ構造を把握している専門家を組織化してサイバーテロを行えば、国家機能を麻痺させることはできてしまうかもしれない。**

たとえば、東京都の信号系統に侵入して、全部の信号を青に変えるだけで、東京は大パニックに陥ります。もっと簡単なのは、水道インフラを押さえることです。水道機能を麻痺させたら、水洗トイレが使えなくなるので衛生状態は急速に悪化します。

また、沖縄が持っている最大の武器も、水道インフラと言えるでしょう。米軍基地は独自水道を持たず、民間水道に頼っています。だから、もし地元の行政が水道を止めてしまえば、オスプレイや飛行機を洗浄できなくなる。それだけで、システムを完全にストップさせてしまえるのです。

「カップ一揆」が失敗した理由

このように、「近代クーデターの成否は、反乱の技術にかかっている」とマラパルテは言い切ります。その要諦は次のようなものです。

トロツキーはこう述べている。反乱はひとつの機械のようなものだ。機械を作動させるには専門家が必要であるのと同様に、反乱を起こすにも、専門家が必要なのだ。そしてまた、反乱を食い止めることができる者は、やはりこの専門家だけなのだ。反乱という機械が回転するか否かは、一国の政治的・社会的・経済的な条件によって左右されることはない。反乱は、大衆の力によって起きるものではなく、ほんのひと握りの人達――どんな場合でも動揺せず、反乱技術にたけ、迅速かつ持続的に国家の技術組織の心臓部を攻撃するよう訓練を受けた人間達――によって起こされるのだ。この攻撃部隊は、国家の「固有の機能」を知り尽した「専門家」の指揮に従う特殊な労働者――機械工、電気技師、電信技師、無線電信手――から構成されなければならない。

（『クーデターの技術』一二六ページ）

では逆に、こうした近代的クーデターから国家を防衛するにはどうすればいいでしょうか。同書では、一九二〇年のドイツで起きた「カップ一揆（いっき）」というクーデター未遂事件をもとに、国家防衛の方法を考察しています。カップ一揆とは、ドイツの政治家ヴォルフガング・カップ（一八五八〜一九二二年）を中心に企てられた、帝政派による反共和主義的クーデターです。

一九二〇年三月、ワイマール共和国に不満を持つドイツ右翼団体と軍部がクーデターを実行しました。具体的には、将軍ヴァルター・フォン・リュトヴィッツ（一八五九〜一九四二年）がまず、ベルリン近郊に国防軍の一部を集結させ、当時の首相グスタフ・バウアー（一八七〇〜一九四四年）に、保守派政治家であるカップへの権力移譲を突きつけたのです。そして〈もしバウアー政府が権力をカップの手に移譲しない場合は、首都占拠をも辞さぬ〉（『クーデターの技術』一八〇ページ）と伝えました。

バウアーがこれを拒否したので、リュトヴィッツは予告通りベルリンを占拠し、カップは新政府の樹立を宣言します。バウアーはベルリンを離れ、ドレスデンへ逃亡。クーデターは首尾よく成功したかに見えました。

しかし、わずか五日でカップ一揆は崩壊してしまったのです。なぜか。それはバウアーがベルリンから逃亡する前に、労働者階級にゼネスト突入を呼びかけたからです。その結果、ベルリンの機能は完全に麻痺しました。

数時間のうちに、ベルリンの中枢部が麻痺させられ、ストライキの波は、プロシア全土に波及していった。首都は闇に包まれ、街の中心部には、人影さえ見えず、労働者街では、物音ひとつ聞こえなかった。麻痺状態は、公共機関をも、電撃的な速さで侵しつつあり、病院には看護師の姿も見えなかった。プロシアとそれ以外の地域との交通は、午後になるや、断ち切られたまま動き出す気配さえなかった。このままの状態が続けば、ベルリンは数時間後には飢餓にさらされるだろう。一方、労働者の側には、暴動の動き、反乱の気配すら、見られなかった。労働者達は、このうえもなく静かに、工場を立ち去っていたのだった。社会秩序は、混乱のきわみにまで達していた。

（『クーデターの技術』一八三ページ）

クーデターによって、確かにカップは国会や各省庁を掌握しました。しかしトロツキーのように、発電所や鉄道などのインフラを制圧することができず、逆にゼネストのために孤立を余儀なくされたのです。カップ一揆の失敗は、ゼネストがクーデターから国家を防衛するために有効な方法であることを明らかにすると同時に、逆説的にトロツキーの戦術の正しさを物語るものでもありました。

ナポレオンの犯した誤り

マラパルテは、第一次世界大戦後の一九一九年から二〇年にかけて、ヨーロッパには「革命の機は熟していた」と言います。しかし結局、革命は起こらなかった。その理由として、革命政党が無能だったからだと分析しています。すなわち、トロツキーが編み出したクーデターの技術や戦術を学んでいなかったから、国家権力を奪取できなかったのだと言うのです。

彼らが構想していた国家権力を奪取するための方法は、あまりにも時代遅れのものであったため、彼らは、必然的に、政府の側が国家権力を防衛するために作り上げた土俵の中で権力を争わざるを得なかった。また、彼らが国家権力を奪取するために用いる手段や組織は、あまりにも古くさいものだったため、政府がどれ程脆弱であって先見の明がなかったとしても、政府の側は古くから知られている国家権力防衛のための手段や組織さえ用いれば、首尾よく権力を防衛することができた。

（『クーデターの技術』一七八ページ）

先述したカップ一揆に続けて、マラパルテは現代的クーデターの証例分析を続けます。そこでマラパルテが注目するのが、一七九九年一一月九日（共和暦八年ブリュメール〈霧月〉一八日）に、ナポレオン・ボナパルトが起こしたクーデターです。

世界史の教科書では、「ナポレオンはクーデターに成功して、独裁権を握った」とあっさり説明されています。しかしマラパルテの考えは違いました。**彼は「ナポレオンはクーデターを遂行するうえで、重大な誤りを犯した」と指摘しています。その誤りとは、ナポレオンがクーデター計画を、合法性の尊重と議会手続きのメカニズムの上に構築した点です。**たとえばマラパルテは、ナポレオンのクーデター観を次のように説明しています。

> ボナパルトは、違法行為に及ぶことなく、そして暴力を用いることなく、行政権を掌握することを望んでいた。警察大臣フーシェは、警察力を使ってほしいと申し出たが、ボナパルトは、警察には用はないと答えたという。ボナパルトは、何と馬鹿正直（サンクタ・シンプリシタス）だったのだろうか。ボナパルトにとって大切なものは、威信と名声であって、それさえ手に入れることができるならば、他には何も要らないように思われた。
>
> （『クーデターの技術』二〇七ページ）

ナポレオンのクーデター計画は、ナポレオン本人と、当時の行政を司っていた五人の総裁の一人エマニュエル＝ジョゼフ・シエイエス（一七四八〜一八三六年）、外務大臣のシャルル＝モーリス・ド・タレーラン＝ペリゴール（一七五四〜一八三八年）、そして「五百人議会（フランス革命後期の立法府のうち下院にあたる議会）」の議長を務めていた弟のリュシアン・ボナパルト（一七七五〜一八四〇年）らによって綿密に企てられていました。

合法的にクーデターを成功させるためには、旧政府の解体と臨時政府の樹立を議会が承認する必要があります。しかし議会が始まるやいなや、議長のリュシアンは、嘲罵（ちょうば）と非難と脅迫の嵐によって迎えられました。この時、議員らはナポレオンたちの不穏な動きを察知していたのです。しびれを切らしたナポレオンは、自ら議会に乗り込みました。その様子は次のように描写されています。

五百人議会の議員達は彼を激しい怒号で迎えた。議員達はボナパルトに対し、「こいつを法の外に置け！　こいつは公権喪失者だ！　暴君を倒せ！」と言って罵声をあびせかけ、彼をいためつけ、罵倒し、彼に殴りかかった。四人の擲弾（てきだん）兵達は、ボナパルトを議員達の殴打から守るため、彼のまわりでスクラムを組み、将校達は、なんとかして彼をこの混乱の中から救いだそうとしていた。（『クーデターの技術』二一四ページ）

このままではクーデターは失敗に終わります。議会で、ボナパルトを「法外者」あるいは「公権喪失者」と宣告されたら、万策は尽きてしまう。

結局、この危機を打開したのは、軍隊の力、すなわち暴力でした。ナポレオンと弟リュシアンが軍を議会に差し向け、議員たちを排除することでクーデターは成功しました。このようにナポレオンのクーデターは、現実には危機一髪のところまで追い込まれていたのです。

マラパルテは「これ程出来の悪い計画のもとに構想され、これ程危うい橋を渡って実行されたクーデターはかつて存在したことがない」という歴史家の言葉を引用しながら、ナポレオンのクーデターを次のように分析しています。

議会手続に時間をかけることを許容するクーデター計画が失敗に至ることは必定である。両院が、議会での手続に時間をかけ、ボナパルトに対し「法外者」あるいは

「公権喪失者」というおどしをかけなければ、ボナパルトが短慮に走ることもなければ、彼が合法性の領域を捨て暴力に訴えることもなかっただろう。そして、クーデターは、議会手続の中に埋没していったことだろう。（『クーデターの技術』二一六ページ）

議員たちがナポレオンにおどしをかけ、殴りかかったことで、ナポレオンも暴力に訴えることを決意した。これは偶然のなりゆきであって、計画されたものではありません。クーデターを決行する側の戦術は「短兵急に事を進める」ことにあり、国家権力を守る側の戦術は「時を稼ぐこと」にあるとマラパルテは言います。その意味では、ナポレオンも議会も、どちらも戦術としてはお粗末だったわけです。

フランス革命はなぜ独裁制に行き着いたのか

少し話は逸れますが、ナポレオンのクーデターは、技術という側面以外にも、私たちが学ぶべき示唆を含んでいます。それは、「財政が弱体化すると、国家は独裁的傾向を強めていく」という論理です。

徴税機能が弱くなれば、当然、再分配するための財源も枯渇します。再分配や財源に行き詰まった国家が独裁主義的な方向に向かっていくのは、歴史の必然です。そのことを、フランス革命期の政治体制の推移から見てみましょう。

フランス革命で旧体制を打倒した後、権力を握ったのは商工業ブルジョワジーを地盤とするジロンド派でした。ジロンド派とは穏健な共和主義諸派閥の集合体で、ジロンド県出身者のブルジョワ階級が多数を占めていたことから、この名称が付けられました。ジロンド派は、旧勢力のクビを切って彼らの富を民衆にばら撒きました。つまりポピュリズムによる分配で、支持者を満足させようとしたのです。

しかし、ポピュリズム的なばら撒きには限界があります。さらに当時のフランスは、イギリスがスペイン、オーストリア、プロイセンなどとともに結成した「対仏大同盟」に包囲されていました。この列強との対立によって、フランスは食料の輸入が困難になり、深刻な食料不足に陥っていたのです。さらに財源不足も重なって、不換紙幣を発行しすぎたことによりインフレを招き、ジロンド派は支持を失っていきました。

そうした状況で、次に権力を握ったのがジャコバン派でした。ジャコバン派とは、フランス革命期における急進派の政治結社です。

ジャコバン派は緊縮財政や恐怖政治、国民皆兵という形で、国家機能を強化しようとしました。ジロンド派が個人の権利ばかりを擁護し、公共性を大切にしなくなったというのがジャコバン派の主張です。

しかし、息詰まるような恐怖政治もまた、国民に不満を募らせます。その後に登場したのが、ナポレオンによる独裁政治でした。ナポレオンは、国内的にはジャコバン派ほど厳しい政策は採りません。そしてばら撒きの財源は、軍事的征服によって外から収奪する。つまり帝国主義的な政策を展開したわけです。

代議制民主主義と市民社会が常に合致している近代国家では、市民は一度政治家を選んでしまえば次の選挙まで政治について考える必要がなく、欲望だけを追求していればよい。したがって、経済さえうまく回っていれば、政治はどうでもいいというのが市民社会の原則です。

ところが景気が悪化すると、今度は経済を改善するよう政治に要求しはじめます。その先に待ち受けているのは、国家機能の強化です。そして、**国家機能の強化イコール政府機能の強化、政府機能の強化イコール独裁の強化という形で、やがて独裁制へと移行していきます。**

これは革命後のフランスだけでなく、トランプ現象やイギリスのEU離脱、ヨーロッパでの極右政党の台頭といった現在の国際情勢を見ても明らかでしょう。現在の先進国はドイツのような例外を除けば、どの国の財政も赤字が積み重なっています。日米欧など先進国が自国優先主義の誘惑に負け、国家機能を強化しているのには、フランス革命が独裁制へと行き着いたのと同様の論理が働いているのです。他国との協調を忘れ、自国だけが生き残ろうとする国家のエゴが悲劇につながった事実を、第二次世界大戦から七〇年以上が過ぎた今、人々は忘れているのかもしれません。

ムッソリーニはトロツキーの「戦術」を学んだ

話を『クーデターの技術』に戻しましょう。次は第一章で見た、イタリア・ファシスト党による、一九二二年一〇月のローマ進軍についてです。

ローマ進軍とは、とどのつまりムッソリーニが行った、政権獲得のためのクーデターでした。このローマ進軍に関しては、『クーデターの技術』にその様子を描いた象徴的な一節があります。

これは蜂起第一日目のことだった。（中略）いかにも、フィレンツェの様相は、一七八九年当時のパリではなかった。市街では、人々は平静で何事にも無関心な様子だった。街路を行く人々は、皆晴れやかな表情をしており、口もとには昔なつかしいフィレンツェ風の微笑を浮べていた。それは、どことなく人を小馬鹿にしてはいるものの、宮廷風の上品な微笑であった。

（『クーデターの技術』二三八ページ）

民衆が蜂起したフランス革命とは違い、市街はいつも通りの様子です。マラパルテによれば、一九一七年のロシア革命時も同様だったといいます。ペトログラード（現・サンクトペテルブルク）の市民は、何が起きているのか気づかず、市内の劇場、映画館、レストラン、カフェも普段通り営業していました。

これは、ファシスト党のクーデターがトロツキーの「戦術」を、見事に取り込んで実行されたということです。さらにムッソリーニは、ここまで見てきたような「国家を守る側の防御策」も無効化しました。マラパルテは、ムッソリーニの国家権力奪取のための「最後の戦い」を、次のように描いています。

一九二二年八月、ムッソリーニは、イタリア全土に向かって、ファシズムは、国家権力を奪取し、政権を担う用意がある旨宣言した。

　これに対し、政府は、労働者や農民に対し、反ファシズムの抵抗運動を呼びかけることにより、ファシスト蜂起の機先を制し、ファシズムの包囲網を突破しようとした。政府は最大限の努力を重ねた。その結果、民主主義政党、社会主義政党、共和主義政党や労働総評議会が一致団結し、一種の公安委員会が組織された。そして一九二二年八月、この公安委員会の指示のもとに、ゼネ・ストが決行された。これが世に言う「政府公認の合法的ストライキ」である。この「政府公認の合法的ストライキ」が、自由、民主制、合法性、そして国家を防衛しようとする人々と、黒シャツ隊の武装勢力とが激突する最後の戦場となった。

（『クーデターの技術』二八四ページ）


黒シャツ隊というのは、ファシスト党の武装行動隊のことです。ローマ進軍は一〇月ですから、それ以前に政府は、クーデターに対する防御策であるゼネストを決行したわけです。

ファシズムと、ストライキを指揮する労働組合との戦いは、すでにそれ以前から始まっていました。第一章で述べたように、ムッソリーニはもともと社会党に所属しており、マルクス主義については熟知しています。だからムッソリーニは、政府が国家を防衛するために頼りにしているはずの労働組合を、何を差し置いても叩かなければならないことはわかっていました。

そこでムッソリーニは、トロツキーが生み出した「クーデターの技術」を、教科書通りに実践しました。この時のムッソリーニの行動について、マラパルテの記述を見てみましょう。

> だが、技術者と専門労働者によって組織されたファシスト部隊が、公共部門におけるストライキ参加者にとって代わるや、二四時間もしないうちに、黒シャツ隊は、武装した国家の防衛者達――労働総評議会の赤い旗のもとに結集していた――のうえに、すさまじい暴力をふるい、これを蹴散らした。ファシズムが、国家権力を奪取するうえで、決定的な勝利を収めたのは一九二二年一〇月ではなく、その年の八月だったのである。
>
> (『クーデターの技術』二八五ページ)

ゼネストの危険性を知り尽くしていたムッソリーニの対応は素早かった。**彼は都市や地**

方のすべての戦略地点、つまりガス施設、発電所、郵便局、電話局、電信局、橋、駅など国家の技術機関の中枢部分を電撃的に占拠することで、国家権力の奪取を実現したのです。

福田和也の『日本クーデター計画』

では、マラパルテが考察した「クーデターの技術」は、日本でも実行可能なのでしょうか。これについては評論家の福田和也（ふくだかずや）が、一九九九年に上梓（じょうし）した『日本クーデター計画』（文藝春秋）でそのシミュレーションを行っています。

同書のエピグラフ（題辞）に『クーデターの技術』の一節が引用されていることからもわかるように、『日本クーデター計画』は、とりわけその技術論に関しては、マラパルテから大きな影響を受けています。福田の仮想計画では、クーデター実行の主力は「陸上自衛隊の、首都防衛部隊と関東近郊の機甲師団」です。しかしそれ以上に重要な行動があるとして、次のように述べています。

しかし、もっとも肝要な初動においては、自衛隊と別個の、より機敏な、反乱専門の訓練をうけ、なおかつかかる試みの意義と責任について徹底的な確信をもった身命を惜しまない部隊によって以下の要所を制圧しなければならない。

警視庁とその通信中枢
日銀と、全都銀の本店及び計算センター
東京証券取引所とコンピューター中枢
東京電力の配電中枢
NTTの通信中枢
NHK
JR、私鉄、地下鉄などの首都圏公共交通の制御中枢

(『日本クーデター計画』八〇~八一ページ)

これらの要所が、トロツキーやムッソリーニが制圧した箇所と重なっていることはたやすく看取できます。さらに先述したペトログラードやフィレンツェの街の様子がそうだったように、クーデターはできるかぎり「透明」であることが望ましいと、福田は言います。

つまり、「見えないクーデター」こそが成功であり、その過程が大袈裟(おおげさ)に市民や報道機関

の目にさらされるようでは、失敗と言わざるをえないのです。福田は、マラパルテの『クーデターの技術』の要点を述べたのち、次のように結論づけました。

かように、クーデターにおいて重要なのは、国会や、政府機関といった、国家の象徴をなしている施設を占拠することではない。何よりも大事なのは、近代国家を機能させている生命線を抑えることであり、それらの制圧を通じてのみ、国家の奪取は実現されうるのである。

（『日本クーデター計画』八八ページ）

この条件は現在も変わっていません。日本でも状況次第では、クーデターを実行できるかもしれない。しかし、クーデターが成功したからといって、ファシズム体制が成立するとはかぎりません。ピンポイントでネットワーク拠点を支配する技法だけでは、体制を転覆することはできても、維持し続けることは難しいからです。

結論から申しますと、日本ではファシズムを行うことは無理だと思います。なぜか。それは日本に「天皇制」があるからです。最終章では、戦前日本の歴史を検討しながら、日本のファシズムと天皇制について考察してみましょう。

第六章　日本でファシズムは可能か

東京は「君主の存在しない〝共和国〟」

近年の東京都知事に選出された人物を振り返ってみると、猪瀬直樹は約一年、舛添要一は二年四カ月ほどで辞職に追い込まれています。それに対して、かなり乱暴な統治をしていたかに見える石原慎太郎は、一九九九年から二〇一二年まで、四期にわたって都政のトップに君臨し続けました。

なぜ石原は、そこまで長く都知事を続けることができたのか。それは、彼が東京都を安定的に統治するために必要不可欠なテクノクラート（高度の専門的知識を持つ行政官・技術官僚）を、しっかり握っていたからです。これは、前章のマラパルテの分析を応用すれば理解できるでしょう。逆に猪瀬や舛添は、そうした行政上のカギを握る人物を押さえておくことができませんでした。だから、わずかな期間で辞任へと追い込まれてしまったのです。

ただし、石原にそれが可能だったのは、東京という都市が「君主の存在しない一種の〝共和国〟」だったからだと言えます。では、日本全体を考えた時、ファシズムを行うことは可能なのか。この問いに対して、非常に説得力のある議論を展開しているのが、日本政治思想を専門にしている片山杜秀の著書『未完のファシズム』（新潮選書）です。

同書で片山は、「戦前日本のファシズムは〝未完〟、すなわち中途半端な形にならざるをえなかった」と結論づけています。この「未完のファシズム」については、戦前だけでなく現代も同じだと私は考えます。ただし、それは「日本では中途半端なファシズムにしかなりえない、だから安心だ」という話ではありません。そうではなく、**日本的な中途半端なファシズムのなかに、本来のファシズムとは別種の危機や脅威が存在するということです。**

片山は同書のなかで、そのことを鋭く指摘しました。最終章となる本章では、この『未完のファシズム』をもとに、「現代日本でファシズムは可能なのか」について検討していきたいと思います。

行きすぎた「権力の分散化・多元化」

では、なぜ戦前日本のファシズムは未完に終わったのでしょうか。それは端的に言うと、明治の大日本帝国憲法のシステムには、行きすぎた「権力の分散化・多元化」の工夫が組み込まれていたからだと、片山は指摘しています。

モンテスキュー以来の西洋近代政治思想の王道に倣って立法と行政と司法の三権が

分立させられていることは言うまでもありません。明治憲法体制はその先をもっと分立させるのです。

立法府は二院制で、貴族院と衆議院に分かれています。どちらが上位ということはありません。片方が可決した法案を片方が否決すれば即廃案になります。片方が可決した法案を片方が修正すれば両院協議会が開かれ、合意に達しなければこれまた廃案です。会期も短めに定められています。立法府が強力に機能しないようにという配慮が働いています。

（『未完のファシズム』二二一ページ）

戦前の帝国議会には、「衆議院の優越」がありませんでした。だから貴族院で否決された法案は、即廃案となっていたのです。現在のように、衆議院に差し戻して、三分の二以上で再可決されるということはありませんでした。

また、現行の日本国憲法では、仮に参議院が拒否しても、予算の議決、条約の承認、内閣総理大臣の指名などは衆議院の議決が、そのまま国家の意思となります。なぜ日本国憲法では、そこまで衆議院の権限が強化されているのか。そこにはＧＨＱ（連合国軍最高司令官総司令部）の意図が強く働いています。

戦前の帝国議会では、立法府の機能があまりにも弱かった。そのためＧＨＱは、「日本に民主主義を定着させるには、国民の直接選挙で選ばれた立法府の力を強化しなければいけない」と考えたわけです。

大政翼賛会の挫折

片山は『未完のファシズム』で、戦前は総理大臣の権限が弱かったこと、内閣と枢密院が対等な組織として存在していたこと、議院内閣制ではなかったことなどを、「権力の分散化・多元化」の例として挙げています。これについては軍隊も同様です。帝国陸軍・海軍は立法府にも行政府にも司法府にも属していないので、内閣や議会は軍に対して命令することはできません。逆に、軍が政治に介入することも、建前上法的にはできませんでした。

これだけ権力が細かく分散化している状態では、ファシズムの原義である「束ねる」ことなどできるはずがありません。政治家にしても官僚にしても軍人にしても、仮にどこかの組織でのし上がったとしても個人の権能は限られており、その影響力はたかが知れています。

この「タコツボ的なシステム」の機能不全が明らかになっていくのが、一般的に軍国主義と呼ばれる時代でした。軍国主義とは、「戦争を外交の主たる手段と考え、軍事第一主義の思想が最優先される政治社会体制」のことです。

たとえば、その軍国主義時代に成立した大政翼賛会や、首相・陸軍大臣・参謀総長などを兼任した東条英機(とうじょうひでき)政権を指して「ファシズム体制」だとよく言われますが、その実態は違っていました。大政翼賛会が何も決められず有名無実化していく状況を、片山は『国の死に方』(新潮新書)という本のなかで次のように説明しています。

バスに乗り遅れるな! 挙国一致! 大政翼賛会は本当にできた。バスは一党独裁型強力内閣行きの筈だった。

ところが近衛は土壇場で翼賛会の理想を放棄した。大合同した巨大政党の総裁が総理大臣を兼ねる。二大政党時代以上に天皇大権をふみにじるものではないか。明治憲法違反ではないか。近衛は護憲に徹する伝統主義者たちの攻撃にひるんだ。バスは行き先に着けなかった。

内閣を組織できない大政翼賛会はたちまち有名無実化した。何のために大合同したか意味不明になった。日本は四分五裂してまとまらないまま放置された。
（『国の死に方』七三ページ）

東条政権にも同様の批判が浴びせられ、独裁しようにもできない状態が続きました。そこで東条は、「制度が変えられない以上、強力な政治を行うためには、ひとりで何役も兼ねるしかない」と考えた。それは、国体を護りながら、総力戦である大東亜戦争を勝ち抜くための「苦渋の選択」だったと、片山は言います。

ところが、その考えも挫折に終わりました。東条は「日本のヒトラー」と揶揄され、「東条ファシズム政権打倒」がその時代の合言葉となったのです。「結局、ファシズム的に統合しようとしたら、みんなに攻撃されるというのが第二次世界大戦中の日本の現実だった」と片山は『未完のファシズム』で結論づけています。

「しらす」と「うしはく」

ではなぜ、明治憲法はそのような「縦割りのシステム」を構想したのでしょうか。それについて片山は、大和言葉の「しらす」と「うしはく」を対比させて説明しています。

「しらす」は「知る」、「うしはく」は「押して掃く」を語源とする言葉です。すなわち「しらす」とは、統治者と被統治者がそれぞれの気持ちを「知らす」ことで、両者の信頼関係がおのずと成り立つような政治を表します。それに対して「うしはく」は、力によって統治する強権政治を意味しています。

重要なのは、明治憲法の中心的な起草者であった井上毅（いのうえこわし）が、『古事記』『日本書紀』の記紀神話にさかのぼって、日本の正統な政治の仕方は「うしはく」ではなく「しらす」のほうだと考え、「しらす」政治を憲法に組み入れたことです。

具体的には、明治憲法第一条の「大日本帝国ハ万世一系ノ天皇之ヲ統治ス」という条文にある「統治ス」は、井上の草案では「しらす」だったことに、片山は注意を促しています。井上は「しらす」を次のように理解していました。

上に立つ者の心はただひたすら鏡そのものでなければならない。上に立つ者は自らの考えを押しつけ押し通すべきではない。極端に言えば自らの考えは持たない。誰かの意見をことさらに取り上げて他を退けもしない。おのれをよく澄んだ鏡とするのみである。かといって、ありのままの全肯定では、単に混沌を招くだけで政治にならない。根回しも生ずるかもしれない。談合もあるかもしれない。とりあえず誰かに我慢して貰わねばならぬこともあるだろう。とにかくそのときそのときの妥協点を不断に見つけてゆく。井上の理解する「しらす」の政治はそのようなものかと思われます。

（『未完のファシズム』二一九ページ）

この「しらす」の精神が明治憲法体制全体に行き渡っている、というのが片山の見立てです。逆に言えば、**この国を「うしはく」の方向には行かせない、強権政治には向かわせないような仕掛けを、井上は明治憲法に施したと言えます。それが先述した「権力の分散化・多元化」という工夫でした。**

分権化した組織のトップには天皇がいますが、「しらす」政治なので自分の意思を示しません。下々からの報告を聞いて、自分の気持ちは言わずとも察してもらう。現代風に言えば、「忖度（そんたく）による統治」と言えるでしょう。

この「しらす」というシステムは、日本企業をはじめとした、現代日本のさまざまな組織にも組み込まれています。企業であれ政党であれ、はたまた医師や学者の世界でも、強力なリーダーシップを発揮する人間には人望が集まりません。**トップは何も言わずに、全**

体を見渡していてすべてを知っているという「ミニ天皇」のようなあり方が、日本の組織では支持されるのです。

軍部のセクショナリズム

「しらす」政治を眺めていくと、次のような疑問が持ち上がってきます。それは、「トップである天皇が意思決定を示さず、下々が縦割りという状態であれば、明治期のはじめからシステムは機能していなかったのではないか」という問題です。しかし、明治期に政治が機能不全に陥ったということはありませんでした。それはなぜか。これは学校の教科書レベルの知識でわかることですが、明治時代は「元老政治」が行われていたからです。

つまり明治維新の元勲、元老たちが居るというのがあくまで前提条件になっていて、維新の経過から見ても、彼らがリーダーシップをとるというのが政治の基本でした。そのうえで明治政府も明治憲法もできてくる。ところが維新の元勲とか元老は、内閣や議会や裁判所、三権のどこかに属するポジションではありません。憲法上の規定もない。それなのに力がある。要するに黒幕みたいなものですが、しかし元老たちは幕のうしろに隠れずに、日本の顔として表に出ていました。表舞台にいるのです。とはいえ法的には何者でもない。跡継ぎの決め方も、何人居ればいいかも、何も決まり事がない。ということは、跡目がどこかで絶えて、いずれは居なくなってしまうかもしれない。そういう人たちがリーダーシップをとってはじめて機能しえたのが明治のシステムだったのです。

（『未完のファシズム』二二三～二二四ページ）

片山も同書で指摘しているように、元老政治というのは、法には組み込まれていない、属人性の強いシステムです。だとすると、元老がいなくなれば、システムは作動しなくなってしまいます。大正・昭和と進むにしたがって、日本政治が袋小路に陥ったのはそのせいです。結果、大政翼賛会は挫折し、東条英機も引きずりおろされました。片山が戦前日本を「未完のファシズム」と形容するのもうなずけます。

この「しらす」システムの具体的な例を、もう少し挙げておきましょう。たとえば戦前の航空戦略です。

真珠湾やマレー沖海戦で、日本は航空戦略の重要性を示しました。どのような巨大戦艦でも、束になった爆撃機には勝てないことが明らかになったわけです。

しかし当時の日本には、空軍がありませんでした。海軍と陸軍は「海軍航空隊」と「陸軍航空隊」という形で、それぞれ別個に航空隊を持っていたのですが、両者はまったく別の兵器体系だったので、ネジの大きさもエンジンの規格も違っていました。そうなると陸軍は陸軍の、海軍は海軍の飛行機の部品しか互換性がありません。

それに対して、米軍の兵器の規格はみな共通していました。だから戦場で、壊れた機種が何種類かあっても、それらを合わせて一つの航空機をつくることが可能だったのです。これでは、ただでさえ生産力の低い日本が、アメリカと互角に戦えるはずがありません。しかも、海軍は戦争末期まで資源などの分配をめぐって、陸軍と争い続けていました。これは陸海軍ともに、セクショナリズム（縄張り意識）が骨の髄まで染みわたっていたからです。

また戦前の日本の軍隊には、ロジスティックス（戦場において戦闘部隊の後方で行う、物資の調達や補給）という思想がまったくありませんでした。「食い物が欲しかったら、軍票を渡すから現地で調達しろ」というのでは、現地の住民との関係もよくなるはずがありません。海軍は海軍で「艦隊決戦主義」ですから、敵の商船妨害はおろか、味方の輸送船警備もおろそかにしていました。

そうした兵站軽視とセクショナリズムが端的に現れたのが、一九四二（昭和一七）年以降、陸軍が一生懸命に航空母艦を建造したことです。ミッドウェー海戦のあと、海軍が輸送船の護衛をしてくれないからと、陸軍は「あきつ丸」をはじめとする四隻の揚陸艦を航空母艦に改造しました。さらに陸軍は、艦載機まで自力で開発しています。世界の陸軍で空母を造ったのは、おそらく日本だけではないでしょうか。

その時、海軍は何をしていたか。回状を回して「陸軍の造った船であって敵艦ではないので、沈めないように」と知らせただけです。実際に調べてみると海軍は、陸軍艦を敵と勘違いして、何度も攻撃しています。まさに絵に描いたような、自滅する縦割り組織の典型だったのです。

「しらす」型組織の無責任体質

強いリーダーシップを発揮できない「しらす」システムは、無責任体質へと転化しやすいと言えます。それが具体的に読み取れるのが、一九三八（昭和一三）年に公布された「作戦要務令」です。

「作戦要務令」とは一般将校のための戦術指導書で、部隊の教育・戦闘諸原則について書かれています。この「作戦要務令」は、マニュアルとして実によくできていました。隊列の組み方から行軍、宿営、戦闘方法、戦中日誌の書き方まで、これ一冊読めば十分理解可能となっています。しかし、そこに貫かれている思想を一言でいえば、「難しいことは考えなくていいから、教えられた通りにやれ」ということに尽きるでしょう。

この「作戦要務令」には、まさに陸軍という組織そのものの精神構造が如実に描かれています。その精神とは、「必勝の信念」です。情勢判断よりも、自分たちは必ず勝つと信じる。だから常に攻撃精神を持つことが優先されていました。

では、「作戦要務令」に想定されていない事態が起きた場合、どうすればいいのか。その答えは次の通りです。

「およそ兵戦のことたる、独断を要するものすこぶる多し」――つまり現場が独断で行えというわけです。そして「常に上官の意図を明察し、大局を判断して、状況の変化に応じ、自らその目的を達すべき最良の方法を選びて、機宜を制せざるべからず」。これを一言で表すと、「自分の責任で、うまくやれ」となります。

東芝の粉飾決算事件のなかで、経営トップが「工夫しろ」「チャレンジだ」といった指示を出していたと報じられたのは記憶に新しいでしょう。あれこそまさに「作戦要務令」

の世界です。結果としてうまくやったら、指示をこなしたことになる。下手を打ったら「なぜ指示通りできないんだ。うまくやれと言ったじゃないか」と責められる。組織の上司にとってのマジック・ワードと言えます。

この「作戦要務令」で決定的に欠けているのは、「リーダーシップ」という概念です。**想定外の事態に対応できるのは、組織から正統な権限と責任を与えられたリーダーなのですが、マニュアルと無原則な現場判断だけしかない「しらす」型組織では、強力なリーダーシップを望むことなどできません。**このように、日本ではファシズムとは異なる組織の危機があったわけです。

玉砕思想の論理

「しらす」型組織の脆弱(ぜいじゃく)さに関連して、『未完のファシズム』には戦前日本を覆ったもう一つの危機が強調されています。それは「精神主義」です。

ご存じのように、日本軍は対米戦争下で「バンザイ突撃」や「玉砕」を繰り返しました。すでに勝ち目がないとわかっていても、精神主義でひたすら突き進んでいったのです。いったいなぜ、このような行為に及んだのか。そのロジックを片山は、第一次世界大戦までさかのぼって見事に摘出しています。

第一次世界大戦を経て、日本の軍部は〈歴史の趨勢が物量戦であることは明々白々。しかし日本の生産力が仮想敵国の諸列強になかなか追いつきそうにない〉（『未完のファシズム』一〇三ページ）と自分たちの実力を正確に認識していました。この認識にもとづいて、戦略的思考の優れた軍人たちは「負けないための構想」を持っていた。片山が注目するのは、関東軍参謀として満州国の建国に携わった石原莞爾（一八八九〜一九四九年）と、陸軍の小畑敏四郎（一八八五〜一九四七年）の二人です。

> 石原莞爾は日本を「持てる国」にするまで何十年か長期の大戦争をしてはいけないと考えました。小畑敏四郎は、日本はどこまで行っても「持たざる国」なのだから「持てる国」と正面きっての大戦争をやはりしてはいけないと思いました。
>
> （『未完のファシズム』二〇四ページ）

しかし、この二人のヴィジョンが実現することはありませんでした。なぜか。それは軍や内閣、議会のすべてに、個人の意思決定の実現を阻むような構造が、「しらす」型の明治憲法体制に備わっていたからです。

その結果、「玉砕思想」という恐るべき精神主義を説く人物の出現を止めることができませんでした。その人物とは、「戦陣訓」の作者の一人と言われている中柴末純（なかしばすえずみ）です。

中柴は工兵隊出身の将校で、日露戦争にも出征しています。工兵隊は建築の専門家ですから合理的な思考は得意なはずなのに、なぜ中柴は玉砕思想を主張したのか。片山は次のように説明します。


物質的に見れば戦う前から勝利の約束されたも同然な「持てる国」でも軍隊や国民の戦意が沮喪すれば戦争を続けられません。つまり「持たざる国」でも「持てる国」の相手を怖じけづかせられれば勝ち目も出てくる。中柴はそのためには、なんと、日本人がどんどん積極的に死んでみせればよいのだと考えました。日本国民という「多」にとって天皇が「一」ならば、天皇が自らの本質なのですから、天皇さえ生きていれば個々の日本人が幾ら死んでも自らの本質は生き残っていることになるので、自分が死ぬか生きるかはどうでもよくなる。天皇が「死ね」と言えば、それをおのれの意思として死ぬのです。

（『未完のファシズム』二六〇ページ）

要するに、玉砕する姿を見せつければ、相手の戦意を削ぐことができ、戦争を有利に展開できるというわけです。

片山の言うように「天皇と日本国民は一体であり、本質は天皇である」というのが、当時の中心的思想でした。だから、自分が死んでも天皇が生き残れば、自分の本質は生き残る。つまり、中柴にとっての玉砕は「作戦指導部の無策の結果、兵士を見殺しにする」ことではなく、勝利のための積極的な方策になるわけです。

北朝鮮と戦前日本の共通点

こうした玉砕戦の思想を知るうえで、非常に参考になる映画があります。デアゴスティーニ・ジャパンが発行している『大映特撮映画 DVDコレクション』にも入っている、『かくて神風は吹く』という作品です。この映画は、一九四四年に内閣直属の情報局が企画、陸軍省と海軍省が全面的に協力してつくった国策映画で、原作は文藝春秋社を創立した菊池寛（一八八八～一九四八年）が書いています。

タイトルから想像できるように、この映画は「元寇」を描いた作品です。鎌倉時代中期、当時大陸を支配していたモンゴル帝国が二度にわたって日本に侵攻してきました。その襲撃の際に、二度とも神風が吹いて元軍は撤退したと言われています。デアゴスティーニ発行のDVDに付録として入っている小冊子には、台本冒頭に記されている製作意図が再掲されているので見てみましょう。

元寇と日露戦争と大東亜戦争は建国以来の三大国難である。いまや皇国興廃のわかる大決戦の秋、思ひを元寇の昔に致し、われらの祖先が挙国一致神州護持の大精神を発揚し神明の加護と御稜威のもと奮戦力闘元軍を覆滅せしめた歴史を顧み、感激を新たにすることは最も意義あることでなければならぬ。わが社はこの雄渾なる主題に取組み、総力を結集して本映画を製作し一億時宗たれの烈々たる気を振起して米英撃滅の一途に不退転の闘魂を燃え立たしめようとするものである。

（『大映特撮映画DVDコレクション№38』四ページ）

引用に出てくる「時宗たれ」の時宗とは、モンゴル帝国が攻めてきた時の鎌倉幕府の将軍・北条時宗のことです。この映画の封切りは一九四四年一一月なので、すでにサイパンも陥落していました。日本の敗色が濃厚になっていた時期ですが、小冊子に収録されている陸軍報道部の中佐は、「敵が本土上陸作戦をもって襲撃して来た場合、我軍は一挙にこれを破り得る勝算がある。必ず勝つ」と語っています。

注目したいのは、「神風はひとりでに吹くのではなく、人力の限りを尽くしたところで初めて吹く」という趣旨の発言をしていることです。しかし、すでにB29は日本の上空に飛んできています。本音をいえば、この時期に「神風が吹いて、日本がアメリカに勝つ」と思っていた人はまずいないでしょう。

かといって、降伏することを考えていた人も、ほとんどいなかったはずです。勝つでもなく、降伏するでもない。すると、残るのは玉砕だけです。多くの人たちは、どのように玉砕するかだけを考えていました。

おそらく当時の日本人の心理と近いのは、現代の北朝鮮の人々でしょう。北朝鮮は「未完のファシズム」ならぬ、完全なファシズム国家です。金正恩(キムジョンウン)という独裁者は、北朝鮮のテクノクラートをがっちりと押さえています。

それでも軍人を含めた一般大衆は、対米戦争が勃発したら勝てるとは思っていません。しかし、無条件降伏もありえない。その点では日米戦争当時の日本人の考えに近いと言えます。

では、その北朝鮮をどう軟着陸させるべきか。その点でも敗戦後の日本がヒントになります。

ポツダム宣言の受諾に際して、日本は国体護持が絶対条件でした。その旨を通知したところ、アメリカの国務長官ジェームズ・バーンズ（一八八二〜一九七二年）から、天皇を含む日本政府は、連合国軍最高司令官のもとに「subject to」するという返事がきました。「subject to」をふつうに訳すと、「隷属する」となります。しかし、外務省は全力を尽くして意訳し、「制限のもとに置かれる」としました。制限のもとに置かれるのなら、国体は護持されることになると判断して、ポツダム宣言を受諾したわけです。もしもあの時、アメリカが日本を共和制にすると言ったら、日本は徹底的に戦っていたでしょう。

北朝鮮問題も同様です。アメリカは北朝鮮を「悪の枢軸国」と考えていますが、平和的に解決するためには、金正恩体制を認めるしかありません。さもなければ、「第二次朝鮮戦争」を起こすというシナリオしか選択肢として残っておらず、そうなると北朝鮮・韓国合わせて少なくとも二〇〇万人ぐらいの死者が出ることが予想されます。

多くの人は、「金正恩体制を存続させたら、いたちごっこが繰り返されるだけでは」と思われるかもしれません。しかし、終戦の一九四五年に日本で最も売れた本は何かを考えてみてください。その年の一〇月に刊行されたわずか三二ページの『日米会話手帳』は、発売三カ月で三〇〇万部以上の大ベストセラーとなりました。八月まで鬼畜米英と叫んでいた国が、一〇月にはアメリカ人と積極的にコミュニケーションを取ろうとしていたわけです。北朝鮮にも同じような変化が起こる可能性は、十分考えられます。

ファシズムはヤクザの論理

最終章である本章では、片山杜秀著『未完のファシズム』をテキストとして、戦前日本ではイタリアのようなファシズムが成立しなかったことを見てきました。「しらす」政治を目指した明治憲法体制は、強力な束ねる政治を生み出すことができませんでした。それは、戦争のような有事においては、決定的な足枷になります。

さらに、**こうした縦割りシステムは、「持たざる国」日本が生き残るためのヴィジョンの実現をも阻んでしまった。その結果、玉砕を肯定する精神主義しか、取りうる選択肢がなくなってしまったのです。**

逆に言えば、イタリア・ファシズム的な高度国防国家は、無謀な戦争を行いません。事実、イタリアはナチス・ドイツのように極端な拡張主義的政策を採りませんでした。国外で彼らが侵攻したのは、アルバニア、リビア、エチオピアくらいです。

同じような理由から、もし日本で強力なファシズム体制が確立していれば、おそらくリットン調査団の勧告を受け入れていたかもしれません。リットン調査団とは、一九三一年九月に勃発した満州事変や満州国を調べるために、国際連盟理事会が派遣した調査団の通称です。

リットン調査団が提出した報告書では、柳条湖(りゅうじょうこ)事件およびその後の日本軍の活動は自衛的行為とは言い難く、満州国の建国も中国人の自発的な意志とは言えないと結論づけられています。ただ、日本が持つ条約上の権益、居住権、商権は尊重されるべきと、報告書には日本側への配慮も見られました。満州国を承認されないまでも、日本の優先権は確保できていた。だとすると、もし当時の日本に強権的なファシズム体制が確立していたならば、中国から軍を撤退させていたかもしれません。ましてや玉砕を是とするような悲惨な戦争は、行わなかったはずです。

しかし、だからといってファシズムを肯定するつもりはありません。前述したように、イタリア・ファシズムでは「イタリアのために努力しない人間」は非国民として排除の対象になりますが、それはほとんどヤクザの論理と同じです。

中間共同体の重要性

序章でも述べたように、新自由主義的なグローバリズムが進行すればするほど、ファシズムへと接近していきます。グローバル資本主義の浸透で個人のアトム化が進むことにより、その反動から民衆の心理はファシズムに傾倒していくからです。

ファシズムとグローバリズムの親和性は、戦前の歴史からもわかるように非常に高い。だから、**新・帝国主義の時代には「資本主義を乗り越えようとすると、そこにはファシズムの論理が待ち構えている」ことになります。**ファシズムの思想は「国家」に絶対的な価値を置くので、「この資本主義の猛威を食い止めるためには、国家の強い介入が必要だ」と考えるわけです。

グローバル資本主義は、当然「自由」に価値を置きます。自由を追求するのであれば、格差拡大も是としなければなりません。自由という価値観は、政治的には無政府主義に向かうものなのです。

それを回避するための有力な選択肢がファシズムですが、それでは独裁を善しとしなければならないし、日本では排外主義的な暴力が起こりかねません。徳のない人物が独裁者になったり、国家機能があまりに肥大化したりすれば、戦争への道を突き進む危険性も十分考えられます。

では新・帝国主義の時代に、グローバル資本主義とファシズムのいずれにも陥らないためにはどうすればいいでしょうか。残念ながら、システムとしてそれを描いたとたん、私たちはユートピア主義に陥ってしまいます。歴史上、ユートピア主義を設計してうまくいった例はありません。

過去に資本主義の矛盾を一挙に解決すべくユートピアを目指した社会主義や共産主義、そしてアナーキズム（無政府主義）が成功することはありませんでした。それどころか共産主義に至っては、資本主義以上に民衆を抑圧し、暴力が充満する社会を生み出してしまいました。

こうしたユートピア主義へと向かわずにグローバル資本主義からファシズムへの流れに抗していくためには、中間共同体を再建することが重要だと私は考えます。中間共同体というのは、宗教団体や労働組合、業界団体、地域の寄り合いやサークルなどのことです。

フランスの哲学者シャルル・ド・モンテスキュー（一六八九～一七五五年）は、三権分立を提唱した人物として知られていますが、彼はまた中間団体（＝中間共同体）の重要性も指摘しています。モンテスキューは、国家の専制化を防ぐためには、教会や貴族といった中間団体あるいは中間勢力が存在することが重要だと主張しました。

中間共同体が壊れた国では、グローバル資本主義によってアトム化した個人が、国家に直接包摂されてしまいます。そうなっては、国家の暴走に対する歯止めも利かなくなるでしょう。**その手前で個人を包摂し、国家の暴走のストッパーともなる中間共同体を再建することこそ、現代の最も重要な課題なのです。**

もちろん、イタリア・ファシズムが組合国家（各種・各地域の職能団体の影響力によって全国民を支配する国家）であることを考えると、中間共同体がファシズムに包摂される可能性も否定できません。したがって国家の暴力から個人を守りつつ、自由の価値を手放すことのないような中間共同体の再建を、今後は考えていく必要があるでしょう。

日本が避けなければならない道

本書で見てきたように、ファシズムの世界観は、合理主義や個人主義、物質主義に対する反発から出現しました。この合理主義・個人主義・物質主義といった精神は、現代の資本主義社会にもそのまま当てはまります。

グローバル資本主義が暴走すれば、貧困や格差が拡大するのは必然です。格差の拡大により、社会に居場所がないと感じる人や、世の中に対して不満を鬱積させる人が数多く生み出される。そのような困難な時代を生きる人々にとって、ファシズムの世界観は非常に魅力的に映るのです。

そしてファシズムは、高福祉や格差解消など耳ざわりのよい言葉で忍び寄り、社会不安を是正しようとします。これがファシズムへの入り口です。ただし、ファシズムとして同じように括られることの多い、戦前のイタリア・ドイツ・日本の三国ですが、その内実を見ると大きな違いがありました。

ナチズムは、アーリア人種の優越性というデタラメな人種神話でつくられた運動です。それに対してムッソリーニは、「イタリアのために頑張る者がイタリア人だ」と言って、国家を「指導者と国民がともに生成していくもの」と捉えました。つまりイタリア人は、「はじめからイタリア人なのではなく、イタリアのために頑張った人がイタリア人になる」わけです。さらに国家や民族のために働くことには崇高な意味があるとする生産の哲学により、労働に超越性を導入しています。

そして本章で示したように、日本では徹底的な縦割りシステムが存在するので、国民を束ねるようなファシズムは未完に終わりました。**ただし、日本では本来のファシズム以上に危険な、排外主義や精神主義として表出したのです。**グローバル資本主義により個のアトム化が進行していけば、戦前と同じような排外主義・精神主義へと再び傾いていく危険性は十分に考えられます。それは嫌韓や反中という形で、根拠のない排外主義的な言説が広がっている現状から見ても明らかでしょう。

以上を踏まえて、私たちがこれから警戒しなければならないのは、特定の政党が国家体制を強化し、ファシズム化するといった方向ではありません。これまで見てきたように、**日本人に染みついた分権的・多元的な体質からして、「束ねる政治」はやろうと思ってもできないからです。**

人間は自分が生まれ育った国家や民族の文化から、離れて生きていくことはできません。そのような文化拘束性から抜け出すことができないならば、ファシズムを行おうとしても戦前同様「未完」に終わるだけです。それでは、何も決定できなかった大政翼賛会の二の舞いになるだけでしょう。

むしろ私たちが警戒すべきなのは、排外主義と精神主義、あるいはその両者が結合した状況を招くことです。これからの日本は人口が減少し、貧しくなっていくことは避けられません。戦争のリスクも高まっており、それが現実化した時に、極端な排外主義や精神主義が日本を誤った方向へ進ませる危険性は十分に考えられます。

貧しくなれば、「あいつらが俺たちの富を奪っている」という思考に染まって、外国人排斥の運動が強まるかもしれない。有事の際には、エリートすら冷静な判断力をなくして、社会に大きな混乱をもたらす可能性も考えられます。

これは国家レベルの問題だけでなく、企業においても同様です。「しらす」型のガバナンスでは、思い切った決断ができません。そのような状態で業績が厳しくなっていくと、「がんばれば何とかなる」という精神主義が頭をもたげてくる。それが根拠のない日本至上主義のような態度と結びついていく危険性は、非常に高いと言えるでしょう。

繰り返しになりますが、ファシズムは資本主義の矛盾を乗り越えるために生まれてきた思想です。**そしてファシズムには、単なる国家主義や民族主義とは異なり、「生の哲学」や戦争の肯定、社会主義的な制度構想など、さまざまな思想が流れ込んでいます。**そして「未完のファシズム」とはいっても、日本でも資本主義がもたらす分断が広がっていけば、非合理な排外主義や精神主義などが台頭してくる危険性は十分にありうるのです。

さらに本書で繰り返し述べてきたように、ファシズムは福祉国家論と親和的です。ファシズムの大きな特徴は、マルクス主義にもとづく社会主義革命を阻止すると同時に、自由主義的資本主義がもたらす、失業・貧困・格差などの問題を国家の介入によって是正しようとする運動だからです。だからこそファシズムは、失業や貧困にあえぐ国民から支持されやすい。しかし国家の介入領域が拡大すればするほど、国家によって市民の自由が大きく制限されていく可能性が高まります。

このように、ファシズムは魅力があるからこそ、危険な思想なのです。本書でこれまでイタリア・ファシズムについて学んできたのは、そうした危険性を敏感に察知できるようにするためです。

イタリア・ファシズムでは、国民の不安や不満につけこむように、国家を至高の価値とする連帯の思想が唱えられました。グローバル資本主義が席巻する現代社会でも、同じような国家主義的な連帯思想が各国で高揚しています。本来のファシズムが生まれた歴史的背景とともに、その思想や論理を正確に理解するための一助として、本書を存分に活用してください。

あとがき

本書を通じて、私は読者にファシズムには底力があることを知ってほしかった。労働力の商品化によって成り立っている資本主義は、必然的に搾取する者（資本家）と搾取される者（労働者）を生み出す。純粋な環境で資本主義が発展するならば、社会的な格差が拡大し、搾取される者の大多数は社会的に上昇することができなくなる。現在の日本社会はそのような状況に陥っている。

逆になぜ、二一世紀に至るまで、日本では格差がそれほど深刻でなかったのだろうか。それはソ連を中心とする社会主義体制が存在したからだ。この体制は、マルクスが唱えた理想とはかけ離れた、スターリンによって制度設計がなされた全体主義国家だった。スターリン主義の特徴は、西側資本主義諸国との人的交流や商品・情報の流通を厳しく制限したことだ。日本政府は、戦後、一貫して反共政策をとったが、同時に日本で社会主義革命が起きることを恐れた。それによって政府は社会福祉政策を重視した。そうすれば、社会主義革命を阻止することができるからだ。マルクス経済学でいうところの国家独占資本主義、ドイツの社会学者ユルゲン・ハーバーマスの用語では後期資本主義という現象だ。しかし、一九九一年一二月にソ連は崩壊した。西側資本主義の圧力に屈したという要素もあるが、それよりも共産主義的人間をつくることができなかったソ連が自壊したと言ったほうが正確だ（この過程に興味のある読者は、拙著『自壊する帝国』〈新潮文庫〉に目を通していただきたい）。ソ連崩壊の意味は、あのスターリン主義の体制が崩壊したということに留まらなかった。ソ連体制をもたらしたマルクスの言説も誤っているとされた。労働力の商品化によって生まれた資本主義社会は、人間が商品（そこから必然的に生まれる貨幣と資本）によって支配される転倒した社会であるという構造を、マルクスは『資本論』で客観的・実証的に明らかにした。私は、マルクスの資本主義分析は基本的に正しく、現下の日本社会を分析するうえでも重要なツールになると考えている。しかし、こういう考え方をする人はほんの少ししかいない。

二一世紀になって日本でも猛威を振るうようになった弱肉強食の新自由主義的資本主義を国家の介入によって是正しようという動きが強まっている。この発想が、ファシズムにわれわれを導いていく可能性を過小評価してはならない。

本書を上梓するにあたっては集英社インターナショナルの本川浩史氏、フリーランスの編集者でユニークな知的センターである「不識塾」の師範でもある斎藤哲也氏にたいへんにお世話になりました。どうもありがとうございます。

二〇一七年一二月一二日、曙橋（東京都新宿区）にて

佐藤優

参考文献（著者五十音順）

・イアン・カーショー著、三浦元博・竹田保孝訳『地獄の淵から――ヨーロッパ史1914－1949』白水社、二〇一七
・石原純、三木清ほか編『廿世紀思想⑧全体主義』河出書房、一九三九（品切れ）
・エリック・ホブズボーム著、河合秀和訳『20世紀の歴史（上）』三省堂、一九九六（品切れ）
・エーリッヒ・フロム著、鈴木重吉訳『悪について』紀伊國屋書店、一九六五（品切れ）
・大川周明著『日本二千六百年史 新書版』毎日ワンズ、二〇一七
・カール・マルクス著、植村邦彦訳『ルイ・ボナパルトのブリュメール18日』平凡社ライブラリー、二〇〇八
・片山杜秀著『未完のファシズム――「持たざる国」日本の運命』新潮選書、二〇一二
・片山杜秀著『国の死に方』新潮新書、二〇一二
・河上肇著『貧乏物語』岩波文庫、一九四七
・木村靖二・岸本美緒ほか著『詳説世界史B』山川出版社、二〇一七
・木下康彦・木村靖二ほか編『詳説世界史研究』山川出版社、二〇〇八
・クルツィオ・マラパルテ著、手塚和彰・鈴木純訳『クーデターの技術』中公選書、二〇一五
・新明正道著『ファッシズムの社会観』岩波書店、一九三六（品切れ）
・田辺元著、黒田寛一編『歴史的現実』こぶし文庫、二〇〇一

・トマ・ピケティ著、山形浩生・守岡桜・森本正史訳『21世紀の資本』みすず書房、二〇一四
・土方成美著『ファッシズム——思想・運動・政策』岩波書店、一九三二（品切れ）
・福田和也著『日本クーデター計画』文藝春秋、一九九九（品切れ）
・ロマノ・ヴルピッタ著『ムッソリーニ——一イタリア人の物語』ちくま学芸文庫、二〇一七
・『大映特撮映画　DVDコレクション』デアゴスティーニ・ジャパン、二〇一六

本書は二〇一七年三月〜九月に行われた、朝日カルチャーセンター新宿教室での講義をもとに、大幅に加筆したものです。

編集協力　斎藤哲也
写真提供　ゲッティ　イメージズ　ジャパン

文系と理系はなぜ分かれたのか

二〇一八年 八 月二四日 第 一 刷発行
二〇二五年 五 月一五日 第 二 刷発行

著　　者　隠岐さや香

発 行 者　太田克史
編集担当　石川詩悠
発 行 所　株式会社星海社
〒一一二-〇〇一三
東京都文京区音羽一-一七-一四 音羽YKビル四階
電　話　〇三-六九〇二-一七三〇
FAX　〇三-六九〇二-一七三一
https://www.seikaisha.co.jp
発 売 元　株式会社講談社
〒一一二-八〇〇一
東京都文京区音羽二-一二-二一
(販 売) 〇三-五三九五-五八一七
(業 務) 〇三-五三九五-三六一五
印 刷 所　TOPPANクロレ株式会社
製 本 所　株式会社国宝社

アートディレクター　吉岡秀典(セプテンバーカウボーイ)
デ ザ イ ナ ー　山田知子(チコルズ)
フォントディレクター　紺野慎一
校　　閲　鷗来堂

ISBN978-4-06-512384-3
Printed in Japan

137
SEIKAISHA SHINSHO

次世代による次世代のための

武器としての教養
星海社新書

星海社新書は、困難な時代にあっても前向きに自分の人生を切り開いていこうとする次世代の人間に向けて、ここに創刊いたします。本の力を思いきり信じて、**みなさんと一緒に新しい時代の新しい価値観を創っていきたい。若い力で、世界を変えていきたいのです。**

本には、その力があります。読者であるあなたが、そこから何かを読み取り、それを自らの血肉にすることができれば、一冊の本の存在によって、あなたの人生は一瞬にして変わってしまうでしょう。**思考が変われば行動が変わり、行動が変われば生き方が変わります。**著者をはじめ、本作りに関わる多くの人の想いがそのまま形となった、文化的遺伝子としての本には、大げさではなく、それだけの力が宿っていると思うのです。

沈下していく地盤の上で、他のみんなと一緒に身動きが取れないまま、大きな穴へと落ちていくのか？　それとも、重力に逆らって立ち上がり、前を向いて最前線で戦っていくことを選ぶのか？

星海社新書の目的は、**戦うことを選んだ次世代の仲間たちに「武器としての教養」をくばることです。**知的好奇心を満たすだけでなく、自らの力で未来を切り開いていくための〝武器〟としても使える知のかたちを、シリーズとしてまとめていきたいと思います。

2011年9月

星海社新書初代編集長　柿内芳文